“十三五”国家重点出版物出版规划项目
“认识中国·了解中国”书系

改革开放与当代中国智库

Reform and Opening-up and Contemporary Think Tanks in China

朱旭峰　著

中国人民大学出版社
·北京·

序言 新时代中国智库建设十大关键词

2018 年是中国改革开放 40 周年。在中国共产党的领导下，中国人民“逢山开路，遇水架桥”，用令世界惊奇的发展速度，证明了“改革开放是当代中国发展进步的必由之路”。在改革开放所取得的每一个关键历史成就背后，都有国家重大决策的支撑。

改革开放的发展史，就是国家重大决策的演进史。1982 年，中共中央批转《全国农村工作会议纪要》，家庭联产承包责任制从此得到巩固；1993 年，中共十四届三中全会通过了《中共中央关于建立社会主义市场经济体制若干问题的决定》，制定了社会主义市场经济体制的总体规划；2002 年，党的十六大在对国家发展情况做出基本判断的前提下，提出了全面建设小康社会的奋斗目标；2013 年，党的十八届三中全会审议通过了《中共中央关于全面深化改革若干重大问题的决定》，中央成立全面深化改革领导小组，改革开放走向全面深化的崭新历史时期。据统计，截至 2017 年已出台的针对全面深化改革的举措超过了 1 500 项[①]。国家决策的科学性关乎改革开放的方向，这是国家不断强调决策科学化民主化、完善决策咨询制度、加强中国特色新型智库建设的根本原因。

随着改革开放的深入，中国面临的复杂多变的国际环境和国内治理局势也对国家治理体系和治理能力的现代化提出了更高的要求。中

---

① http://www.xinhuanet.com/local/2017—11/06/c_129733330.htm。

国智库，这个从改革开放之初就在政府决策过程中发挥重要咨询作用的特殊机构，也必然要适应政府决策需求的升级变化。2013 年 4 月，习近平总书记做出了“要高度重视、积极探索中国特色新型智库的组织形式和管理方式”的重要批示。党的十八届三中全会通过的《中共中央关于全面深化改革若干重大问题的决定》明确提出“加强中国特色新型智库建设，建立健全决策咨询制度”。2015 年 1 月 20 日，中共中央办公厅、国务院办公厅联合印发《关于加强中国特色新型智库建设的意见》。同年，《国家高端智库管理办法（试行）》《国家高端智库建设试点工作方案》正式发布，并确定 25 家首批国家高端智库建设试点单位。

中国智库迎来了“发展的春天”，与其相关机构纷纷行动起来，力争成为中国特色新型智库体系中的重要力量。本书立足中国改革开放 40 年，审视中国智库在改革开放中的发展历程和现实作用，观察当下智库多元体系的丰富形式，以期全面认识中国特色新型智库的发展现状、问题及发展方向。在建设中国特色新型智库的过程中，我们应深刻理解以下十大“关键词”：

关键词一：专业

专业性是智库区别于其他政策参与者的本质特征。作为政府决策的“外脑”，智库的职能就是在决策过程中向治国理政者提供专业的政策分析和决策咨询。随着党和国家面对的内、外部决策事项日益复杂，决策者越来越需要来自专业智库的智力支持。智库的专业性意味着：首先，专家对自己的研究领域有长期积累。其次，专家甘于坐冷板凳，对非热点问题进行扎实深入的研究。这些研究对国家决策来说是非常重要的战略知识储备。最后，专家对政策问题有跨专业的认识。政策问题之所以复杂，就是因为其涉及政治经济社会等各方面。因此，智库里应既应有跨专业的通才，也应有很多关注相同政策问题但又来自不同学科的专家。

关键词二：影响

传统观点认为，智库要发挥其影响力，必须和政府之间建立直接的联系渠道，以便将研究成果向政府决策者输送。因此有中国智库“只有国家队，没有民间队”的说法。但是，智库发挥影响力并不仅仅依靠和政府间的直接联系渠道。除了通过直接联系渠道获得专家建议外，我国各级政府都建立了社会信息搜集和过滤机制。这些间接影响机制帮助政府决策者了解来自学术界、产业界的声音。同时，专家也可以利用媒体平台主动传播自己的见解。中国政府历来非常关注舆论影响，国家领导人多次听取网民建议，另外，很多政府官员也经常以非官方身份参加学术界和产业界的政策讨论会，从中听取社会各界的意见。因此，无论是有官方背景的“国家队”智库，还是没有官方背景的“民间队”智库，都可以通过直接或间接的渠道去影响政府决策。事实上，从党的十八届三中全会通过的多项重大决策中，我们就能够看到智库专家对政府决策的间接影响。

关键词三：独立

人们对独立性概念存在片面理解。第一，人们常把独立性视为一个研究机构能否被称为智库的判断标准。正确的理解是，我们应批评某些缺乏独立性的智库，并积极推动智库追求独立性，但不能因为某些智库缺乏独立性而将其排除在智库概念范畴之外。第二，一些人认为智库应刻意与政府保持距离以体现其独立性，其实不然，政府是智库研究产品的最终消费者，智库和政府保持良好关系，有助于智库将研究成果更好地向政府输送。同时，政府也是智库获得政策研究所必需的信息和数据的最主要渠道，没有这些资料，智库研究成果的专业性就很难得到保证。第三，独立性并不等于中立性，它不意味着智库不能公开支持某种倾向性观点。智库的观点倾向往往是智库专家因其教育背景、信息来源和对客观社会价值独立评判的结果。第四，所谓智库独立性的丧失，其实质是智库被某些利益集团收买，成为利益集团的代言工具。如果一个智库被发现依附于某个利益集团，它的公信力也就不复存在了，其研究成果就不会对决策者和公众具有影响力和说服力，这个智库也就失去了存在的意义。

关键词四：创新

智库是新思想的发源地和集散地，其创新能力主要来自以下几个方面：第一，集思广益。智库产品不可能来自极个别聪明的大脑，很多智库思想是在征求大量相关人士意见的基础上提出的。这也是智库思想很难像学术成果那样找到最初提出者的原因。第二，洞察社会。智库的政策建议应建立在专家对社会深入调查的基础上，专家由此发现潜在社会问题甚至危机，提出解决症结的关键对策。第三，把握时机。许多智库思想之所以无法成为政策，很可能是因为其提出不合时宜，从而无法获得更多支持。把握时机意味着智库专家要做时刻有准备的人，当国家和社会急需新见解时，专家能够从容地将准备好的研究报告交给决策者。第四，组织和行动创新。面对中国社会正在发生的深刻转型，智库应积极适应，探索新的组织管理模式和行动策略。一些智库从组织结构上探索新机制，以吸引各方面资源，增强持续发展动力和影响力。一些智库则开发新的交流平台和宣传渠道。如今，大量智库都在新兴社交媒体开设了公共账号，并开展众多线上线下交流活动。

关键词五：务实

务实是智库获得成功的必要条件之一。首先，务实是指研究过程中追求真实。智库专家应接受严格的社会科学研究方法训练，能够运用规范的研究手段和技术了解实情，保证调查研究的效度和信度。事实上，即便掌握了比较全面的真实的资料，对政策成败进行评估也需要卓越的能力。然而，一些智库不从实际情况出发，经常提出一些“半生不熟”“水土不服”的咨询建议。同时，经常有专家批评政府“拍脑袋决策”，但这些批评本身也可能就是“拍脑袋”的结果。其次，务实意味着智库产品要务求实用。这既要求智库的研究成果水准过硬，能抓住问题要害，也要求智库研究报告不能只发现问题，还要提出可行的政策建议，并对政策建议能否收到预期效果进行全面评估。最后，务实还意味着智库产品应通俗易懂。和一些晦涩的学术研究成果不同，智库产品的读者主要是政府官员或社会大众。智库专家应有能力将复杂的观点转化为通俗易懂的咨询建议。

关键词六：竞争

思想产品要经得起市场竞争的检验。这里的市场是指政策分析市场，政策分析市场的产品就是智库生产的研究成果和政策建议。政策分析市场的最终需求方是政府决策者，媒体和大众也是一定程度上的消费者。但是，政策分析市场具有信息不对称的特点。政策制定者往往对政策建议的科学性很难判断，需要建立政策建议同行评审和同行竞争的机制。在辩论过程中，当一个政策方案优于另一个方案时，提出或支持这一方案的学者在辩论中就会获得更高的政府声誉和公众知名度。同时，相关智库也能够提高声誉，并获得更多资金支持者的青睐。一个能够让多种政策主张公开辩论的平台，可以帮助政府和其他政策参与者更加科学地评判不同观点，政府也宛如进入了一家摆满了可供选择的政策方案的"超市"。借助政策分析市场的竞争，政府的总体决策质量就能够提高，而智库的政策分析能力也能够提升。

关键词七：合作

智库之间不仅要有竞争，也需要合作。当代中国智库体系的一大特点就是多种组织形式的智库共存于一个时代，不同智库都有各自的优势。例如，官方智库往往行政资源丰富，和政府之间建立了稳定的沟通渠道；高校智库往往学科齐全，善于把握学科前沿理论动态，并培养了丰富的后备研究人才；社会智库则组织形式灵活，社会经验丰富，在海内外有着广泛联系。因此，合作能够促使不同智库之间实现优势互补，从而提高研究水平，拓宽影响力渠道，突破单个智库人力和技术方面的瓶颈。促进智库间合作需要整个决策咨询体系努力营造共赢的制度氛围。例如，在重大招标课题的申请和成果评价过程中，可向合作型研究团队倾斜。同时，政府可以搭建智库决策数据平台，鼓励智库间的数据分享和共享。近年来，国家倡导并推动协同创新中心计划，在哲学社会科学领域也组建了一些协同创新中心，其实质就是鼓励智库针对重大战略问题开展组织间合作，甚至是智库和其他科研院所、企业间的协同合作。

关键词八：激励

激励机制是促进中国智库发展的重要保障。中国智库建设的激励机制应从两方面入手。从智库内部而言，如何吸引并留住优秀人才是每个智库领导者面对的主要问题之一。智库管理者应该在组织内部建立起物质和精神相结合的激励机制，特别是对年轻人才，应提供较为良好的生活保障条件，并结合相关奖励和晋升标准激发其研究动力。从整个智库体系来说，应该建立基于组织实力、研究质量、政策建议被采纳情况、社会认可度和公信力等的智库综合评价体系。智库评价体系不等同于智库排名，在美国，智库评价报告和年度排名的重要作用是让智库资助者了解他们所支持机构的业绩。但是，西方智库的组织结构和运作模式与中国智库截然不同，中国应建立符合中国国情的，客观、可靠、全面的智库评价体系，激励中国智库共同进步。另外，鉴于智库评价体系本身也是相关智库的研究产品，我们应鼓励社会上出现多套智库评价体系。评价体系之间存在竞争，就能提高决策者对智库产品的鉴别能力，也能提升学界科学评价智库的水平。

关键词九：监督

监督机制能促进整个智库体系良性发展。在信息高度不对称的政策分析市场，如无相关监督机制，智库很可能因“求钱若渴”而丧失独立性、客观性。因此，需要建立一套完善的智库监督机制，针对智库行为进行纠偏。在确保智库基本立场、观点符合相关法律法规的同时，政府可以与行业协会和资助智库的基金会合作，建立基本的准入门槛、职业标准、财务审计制度等，以保证智库的研究能力和职业操守。在建立健全针对政府官员的政策问责机制的同时，也应探索针对智库政策建议的问责机制。智库服务重大决策时，一旦发现智库和决策主体及其他相关利益主体间存在利益关系，出现决策失误、产生重大负面社会影响、造成重大损失，应该根据相关法律追究智库的责任。

关键词十：国际化

智库国际化是提升国家软实力的重要途径。当前，各国智库发挥的作用已经超越了地理意义上的国家界线，共同影响着全球政策过程。近年来，中国智库已在交流活动国际化和研究成果国际化方面初步取得成绩。中国智库通过论坛、峰会和出访等形式进行国际交流并建立互信；通过发表外文论文、出版外文著作等方式推动中国经验和中国观念向全世界传播。这些成绩也在一定程度上提升了国家形象和软实力。但是，中国智库还应在组织结构国际化和政策影响国际化两方面进一步努力。智库组织结构国际化的核心是充分利用外国资源，包括外国的人员资源、组织资源、网络关系资源三个方面，推动中国智库建立国际地位。中国智库也应通过更多地参与全球治理的国际合作、在国际组织中谋求更重要职位等方式，积极影响他国决策和国际社会，从而最终将“二轨”国际影响转化为“一轨”国际影响。

朱旭峰

2018 年于清华园

目　录

Reform and Opening-up and Contemporary Think Tanks in China

Reform and Opening-up and Contemporary Think Tanks in China

第 1 章

关于“智库”的若干基本问题

1 关于“智库”的若干基本问题

一、智库概念之争

(一) 什么是智库

当代，智库已成为对政策过程产生重要影响并对社会发展起巨大推动作用的组织。“智库”（或称为“思想库”，think tanks）一词最早出现在第二次世界大战期间的美国，用以指称当时军事人员和文职专家聚集在一起制订战争计划及其他军事战略的安全环境。后来美国前总统哈里·S. 杜鲁门（Harry S. Truman）在 1964 年的 80 岁生日讲话中，首次用“智库”一词代指智囊机构。“智库”一词突出了此类政策研究机构的现代组织属性，与个体属性的“智囊”“幕僚”“军师”“师爷”等词汇得以明显区分开来①。

目前，国内外学者在智库概念的界定上尚存较大分歧，以至于由不同研究者提出的智库统计数量存在较大差异。特别是在智库未经历大规模全球扩散之前，学者们倾向用美国智库的“独立性”观念严格定义政策研究机构，有的统计资料显示的智库数量少到只有 69 个②。而詹姆斯·G. 麦甘（James G. McGann）团队在 2016 年给出的智库数量的前三如下：美国有 1 835 家，中国有 435 家，英国有 288 家。全球范围内，智库数量已达 6 846 家。在中国，有学者将“软科学研究机构”统称为智库并以此估算智库数量；也有学者仅将为数不多的民间研究机构看作智库，其余的则都不纳入智库范畴。

第一个提出现代意义上的智库概念的学者是保罗·迪克森（Paul Dickson），他从社会职能角度对智库进行了定义：“智库是一种稳定的相对独立的政策研究机构，其研究人员运用科学的研究方法对广泛

---

① 朱旭峰. 中国思想库：政策过程中的影响力研究. 北京：清华大学出版社，2009.

② Capital-Source. National journal. Washington，D. C. ：Capital Source Center，1988.

的政策问题进行跨学科的研究。对与政府、企业及大众密切相关的政策问题提出建议。”① 之后，英国学者西蒙·詹姆斯（Simon James）对上述定义进行了精简：“智库是从事于力图影响公共政策的多学科研究的独立组织。”② 从他的定义可以看出，智库的首要目标是影响公共政策，它强调多学科属性和独立性。彼得·凯利（Peter Kelley）从制度安排的角度定义了智库，认为它“是一种组织的安排，在其中，企业部门、政府机构以及富人，把数以百万的经费拿出来，交给组织的研究人员，而这些研究人员必须花费时间来完成研究方案，最后研究者与研究机构将其研究成果以研究报告或专著的形式公开或不公开呈现，此所谓智库”③。

一些学者将智库的非营利性作为其主要特征。肯特·R. 韦弗（Kent R. Weaver）认为，智库是指“非营利的公共政策研究产业”④。由于肯特·R. 韦弗本人就是美国布鲁金斯学会（Brookings Institution）的资深研究员，他所给出的定义一定程度上反映了美国顶级智库的立场——智库必须是非营利的。而安德鲁·里奇（Andrew Rich）则在他的著作中将智库定义为：“独立的、不以利益为基础的非营利的研究组织，它们生产专家意见并主要依靠专家意见和思想以获得支持和对政策决策过程施加影响。”⑤ 安德鲁·里奇更加关注的是智库中专家思想的作用。基于对研究可操作性考虑，他将符合美国 501（c）3 条款的注册非营利政策研究组织界定为智库。美国智库大多注册为 501（c）3 条款下的非营利机构的一个重要原因是受该条款认可的非营利组织均可享受相应优惠条件，如减免税收等。但

① DICKSON P. Think tanks. New York：Atheneum，1971：1-3，26-35.

② JAMES S. The idea brokers：the impact of think tanks on British government. Public administration，1993，71：491-506.

③ KELLEY P. Think tanks fall between pure research and lobbying. Houston chronicle，1988：23.

④ WEAVER K R. The changing world of think tanks. Political science and politics，1989，22：563-578.

⑤ RICH A. Think tanks，public policy，and the politics of expertise. New York：Cambridge University Press，2004：11.

是，条款同时规定这些组织不得进行任何为个别利益集团站队的活动，如游说活动[①]。除此之外，学者黑姆斯和费塞（Hames & Feasey）也在定义中强调了智库的非营利性，他们将智库定义为："稳定的、组织自治的非营利公共政策研究机构。"[②]

卡萝尔·H. 韦斯（Carol H. Weiss）在研究中对智库与类似功能组织间的差别进行了辨析。她认为，政策研究组织有两种形态，第一种是存在于政府内部的机构，第二种是独立于政府部门之外的非营利组织，而智库是属于第二种形态的政策研究组织。基于这种观点，卡萝尔·H. 韦斯认为智库应排除以下三种组织：大学附设的研究中心、民间咨询公司（consulting-firms）与其他营利性质的研究机构（for-profit research organizations）。卡萝尔·H. 韦斯指出，大学的政策分析组织应该着眼于基础理论的建构与探讨，不适合制定政策。另外，具有营利性质的以及隶属于政府部门的政策研究机构因其独立性与中立性的问题受到质疑，也被排除于智库行列之外[③]。

智库研究领域的知名专家黛安娜·斯通（Diane Stone）则将智库视为"相对独立于政府、政党和压力集团，从事当下政策议题研究和分析的机构"[④]；斯特拉·拉迪（Stella Ladi）将智库描述为"有别于政府机构的，致力于运用专业知识和网络活动为多元政策议题提供建议的研究机构"[⑤]；托马斯·M. 梅德维兹（Thomas M. Medvetz）建议将智库界定为"介于学术界、政界、商界和传媒界之间的混合型

---

① 见美国 1986 年法典：A. 1F. I. 5320-5323。

② HAMES T, FEASEY R. Anglo-American think tanks under Reagan and Thatcher//ADONIS A, HAMES T. A conservative revolution?: the Thatcher-Reagan decade in perspective. Manchester: Manchester University Press, 1994: 216.

③ WEISS C H. Helping government think: functions and consequences of policy analysis organizations//WEISS C H. Organizations for policy analysis-helping government think. London: Sage Publications, 1990: 1-20.

④ STONE D. Think tank transnationalisation and non-profit analysis, advice and advocacy. Global society, 2000, 14 (2): 153-172.

⑤ LADI S. Globalization, think-tanks and policy transfer. The World Bank Conference of the Global Development Network, Bonn, Germany, December 5-9, 1999.

组织”[①]。学术界和政界分别为智库提供学术权威和政治权威，商界为智库提供经费资助，传媒界为智库提供政策观点与政策制定者之间的通道。智库旨在拉近或者填补这些领域之间的缝隙，同时也需要与其保持适当距离，以保证和巩固智库应有的鉴别力。因此，智库的运转表现为谨慎的平衡行动[②]，这一行动在不同的时空逐渐演进出差异性。讨论至此，关于智库概念的界定，我们至少应该形成一个认识：即使消除了国别环境的差异影响，对智库进行一个详尽而宏观的定义也是非常困难的，如果增加对不同国家政治环境的考察，其复杂程度可想而知。

智库似乎成了一种“昵称”。几乎每个学者在自己研究之初，都会给这一含糊且富有争议的概念下一个便于自己开展研究的定义。但实质上，智库概念的模糊性恰恰反映了其内涵的丰富性。因此，智库概念界定面临的挑战在于既要尽可能地简化智库概念，又要尽力涵盖智库的属性以便足够精准地划清智库和非智库组织机构的界限。帕特里克·科勒纳（Patrick Koellner）曾强调：为了更好地理解智库的运作机理，我们既要远景式地考察国家层面的智库体系或特定政策领域的智库运转机制，也要近景式地观察特定智库个体的运作情况。遵循这个认识，他将智库界定为机构内部或机构下属职员提供的以政策研究和政策分析为基础、以渗透或影响公共政策（有时也包括公司事务）为目标的研究机构。这样的界定暗含了智库来源的多元性，反映了同时考虑特定情境下的智库运作环境（外生因素）和机构内部运作（内生因素）后的智库特征。

这些特征包括：（1）不同的规模；（2）独立运作或和政府部门、基金会、大学、政党等机构保持业务联系；（3）雇员制，不同比例的、不同专长的职员结构（包括研究人员、政策研究专家、前政府高官等）；（4）专注于特定政策领域或者限定于某个较为宽泛范围的政

---

① MEDVETZ T M. Think tanks as an emergent field. New York：Social Science Research Council，2008.

② MEDVETZ T M. Think tanks in America. Chicago：University of Chicago Press，2012.

策领域；（5）多元化的资助体系，包括公共资助、私人捐赠、会费、具体项目的委托资助等；（6）通过不同的活动致力于渗透或影响公共政策，这些活动包括：出版政策相关论文和简报、组织或参与政策相关的论坛或网络活动、提供政策评价、在不同类型的会议上为立法机构或政府部门的政策制定者提交听证报告或政策建议、接受媒体采访、政府换届后为政府部门提供短期借调或长期供职的人才。诚然，上述表述与其说是概念界定，不如说是对更广泛的智库及智库运行多元实践的详尽列举。这个定义难能可贵之处在于，其用平实的定义方式揭示出盎格鲁-撒克逊传统“神话”[①] 了的智库的价值。以此为契机，人们开始认真审视智库竭力标榜的“独立性”——这一智库“神话”的真实面目。

那么针对国内政治环境，中国特色的智库定义是如何的呢？薛澜和笔者在探讨了国内外智库定义后，结合国内智库建设实际情况，把智库界定为“一种相对稳定的且独立运作的政策研究和咨询机构”[②]。中共中央办公室厅、国务院办公厅出台的《关于加强中国特色新型智库建设的意见》中给出的定义如下：“中国特色新型智库是以战略问题和公共政策为主要研究对象、以服务党和政府科学民主依法决策为宗旨的非营利性研究咨询机构。”为方便后文讨论，本书采用一个较为宽泛的定义，即智库是一种相对稳定的从事政策研究和咨询的实体机构。

智库定义不同，智库分类也不同。布鲁金斯学会研究员肯特·R. 韦弗梳理了从 20 世纪初到 1989 年的美国智库的发展历程，给出了学术型智库（以布鲁金斯学会为代表）、合同委托型智库（以兰德公司为代表）和鼓吹型智库（以传统基金会为代表）三种类型[③]。显然这种依据智库功能发挥分类的方法存在职能重叠的风险。

---

① STONE D. Garbage cans，recycling bins or think tanks?：three myths about policy institutes. Public administration，2007，85（2）：59－278.

② 薛澜，朱旭峰. “中国思想库”：涵义、分类及研究展望. 科学学研究，2006（3）：324.

③ WEAVER K R. The changing world of think tanks. Political science and politics，1989，22：563－578.

有学者依据机构的注册身份或者法律身份对智库进行划分，例如丁煌把智库分为官方的咨询研究机构、半官方的咨询研究机构、民间的咨询研究机构、大学的咨询机构四类[①]。王晓民等将智库分为两类：以兰德公司为代表的公司类研究机构和以传统基金会为代表的社团类研究机构[②]。笔者根据中国法律法规将智库分为事业单位法人型智库、企业型智库、民办非企业单位法人型智库和大学下属型智库[③]。需要注意的是，智库作为政府“外脑”，应该区别于党政系统内部建立的政策研究室和政府研究室这类政府“内脑”。

中共中央办公厅、国务院办公厅出台的《关于加强中国特色新型智库建设的意见》中根据部门垂直管理的特征，划分了智库组成体系的“七路大军”，包括：党校行政学院智库、党政部门智库、军队智库、社科院智库、科研院所智库、高校智库和企业-社会智库。这七类智库覆盖了目前国内实践中的所有智库类型。

为了方便后文讨论，本书将给出一个智库的初步分类。参考国内智库的实际情况，从组织类型和职能特征上，我们将智库划分为半官方智库、高校智库和社会智库三大类（见表1-1）。

表1-1　本书与《关于加强中国特色新型智库建设的意见》智库分类的对照关系

本书	《关于加强中国特色新型智库建设的意见》
半官方智库	党政部门智库、社科院智库、党校行政学院智库、科研院所智库、军队智库
高校智库	高校智库
社会智库	企业-社会智库

半官方智库的组织性质是“具有法人条件的事业单位”，一般指

① 丁煌．美国的思想库及其在政府决策中的作用．国际技术经济研究学报，1997(3)．

② 王晓民，蔡晨风．美国研究机构及其取得成功的原因．北京大学学报（哲学社会科学版），2001(1)：87-91．

③ 朱旭峰．中国思想库：政策过程中的影响力研究．北京：清华大学出版社，2009：64-67．

由政府机关出资组建的研究机构。这类中国特有组织类型的智库，由于和政府的特殊关系既不同于政府内设机构、人权事权又不完全独立于政府。事业单位是指国家为了社会公益目的，由国家机关举办的或者其他组织利用国有资产举办的，从事教育、科技、文化和卫生等活动的社会服务组织。它们在经费和人事上并没有和政府完全分离，但是却在日常运作和研究工作中保持着相对自主性。在符合条件的事业单位中，从事政策分析或具有政策分析职能的机构即半官方智库。半官方智库是中国智库的最普遍形式，诸如国务院发展研究中心、中国社会科学院、中国科学院等是其典型代表。另外，在考虑半官方性质的智库类型时，我们仍可以继续细分。根据我国关于事业单位分类改革的相关文件[①]，本书中半官方智库的机构属性一般指参公、公益一类和公益二类的事业单位。

高校智库是指隶属于高校的从事政策研究和咨询的组织机构。虽然高校智库多不具有独立的法人地位，但是由于高校本身在学术研究上的公益性和相对客观性，在高校内部组建的以影响政策为目的的研究机构仍可看作是智库的一部分。2014 年教育部发布《中国特色新型高校智库建设推进计划》肯定了高校智库的重要地位，也使得高校智库数量大幅上升，成为中国特色新型智库体系的重要组成部分。目前有代表性的高校智库包括清华大学国情研究院、北京大学国家发展研究院、中国人民大学国家发展与战略研究院等。

社会智库则包括非营利组织智库和企业智库两类。按照注册的组织性质区分，非营利组织智库又可以分为民办非企业单位型智库和社会团体型智库，民办非企业单位型智库是企事业单位、社会团体或其他社会力量以及公民利用非国有资产举办的、从事非营利性政策研究活动的机构。一家智库能够注册为民办非企业单位，需要在民政或科协系统登记，并接受业务主管单位（挂靠单位）的指导。目前有代表性的民办非企业单位型智库包括察哈尔学会、中信改革发展研究基金

---

① http://www.gov.cn/jrzg/2013-12/20/content_2551544.htm.

会等。另一类非营利组织智库是社会团体型智库。作为中国科学技术工作者的群众组织，中国科协可以理解为社会团体型智库。而另一个社会团体型智库的特例是中国国际经济交流中心，中国国际经济交流中心在成立之初注册为社会团体，其成员是国内外各类大型国企和机构。中国国际经济交流中心通过收取企业会员会费的方法很大程度上解决了它的经费来源问题，这种机构设置属于智库界的组织创新。

企业智库是指在工商部门注册为企业的专门从事政策咨询的研究机构。根据机构性质，企业智库也可以分为两类：一是由企业成立、旨在服务于企业长期战略规划或利用企业资源开展政策研究的下属机构。目前有代表性的企业智库包括阿里研究院、腾讯研究院等。二是一些在工商系统注册成咨询公司，但实际开展公共政策和政府决策咨询研究的机构，如中国金融四十人论坛、盘古智库，可以归入社会智库。这类智库之所以注册为企业，主要是规避在民政或科协系统注册成民办非企业单位的复杂行政程序。

(二) 智库影响力

“影响力”是每个智库都迫切追求的目标，但智库影响力如何测量和评价，却是社会科学中的一个难点。我们首先从概念上来理解什么是影响力、什么是智库的影响力。罗杰·斯克鲁顿（Roger Scruton）在他的《政治思想词典》中对影响力有这样的解释：“影响力是权力的一种形式，它通过告诉他人行动的理由（除了威胁的方式）——这些理由或者是对他人有利的，或者是出于道义上以及善意的考虑——来对其行为进行影响，但是这些理由和考虑必须是对他人有分量的，从而影响其决策。”① 可以看出，影响力通过具有说服力的语言和“潜移默化”的行为来达到影响他人决策的目的。所以，影响力与霸权、威胁、威慑、强迫、游说等概念都存在差异。

---

① SCRUTTON R. A dictionary of political thought. London: The Macmillan Press, 1982: 224.

智库的目标是影响政策产出。已故美国著名国际政治学家霍华德·J. 威亚尔达（Howard J. Wiarda）说，如果美国国务院或国防部的官员在给总统写备忘录时面前恰好放着你的研究报告，假如他们又恰好将你的分析和观点写进了备忘录，那你就有了影响力。政策是由决策者制定的，所以，智库的影响力与其说是对政策的影响，倒不如说是对决策者及其政策观点的影响。因此，智库为了实现自己影响决策者及其观点的目标，其行动不仅直接施加在决策者身上，而且通常也施加在具有影响决策能力的其他政策参与者身上。

因此，一个智库总体上有没有影响力，就要看它在决策者心目中的地位。那么，评价智库影响力最直接的方法就是给政府高级官员发一份智库名单，请他们根据自己心目中的智库影响力打分。2010 年安德鲁·里奇在其著作《智库、公共政策和专家治策的政治学》里就采用了这样的方法[①]。他向各类官员、议员和新闻工作者等政治和媒体精英发放了一份有 60 个美国智库名单的问卷，请他们根据各自心目中的智库影响力排序。事实上，在方法论上饱受批评的宾夕法尼亚大学詹姆斯·G. 麦甘的《全球智库报告》采用的全球专家提名法，正是沿用了这一主观评价智库影响力的方法。虽然社会精英主观提名的方法难免对智库影响力存在误判，但该报告所测量的智库影响力却是最接近“影响力”本质概念的评价。

另一种方法是向智库机构发放调查问卷，通过客观数据评价智库影响力。说起对智库发放问卷，仍然要提到詹姆斯·G. 麦甘。早在 1995 年的《公共政策研究产业中经费、学者和影响力的竞争》一书中，詹姆斯·G. 麦甘就对 7 个美国智库发放调查问卷，收集并描述性地比较了机构层面的第一手数据[②]。虽然从现在的眼光看，这种定量研究未免过于简陋，但这毕竟开创了对智库进行问卷调查的先河。

---

① RICH A. Think tanks，public policy，and the politics of expertise. Cambridge：Cambridge University Press，2004.

② MCGANN J G. The competition for dollars，scholars and influence in the public policy research industry. New York：University Press of American，1995.

前面提到的安德鲁·里奇，将邀请政治或媒体精英打分得到的智库影响力作为因变量，采用回归模型的方法对美国智库的影响力来源进行解释性研究。回到中国，笔者提出的多层次智库影响力指标，以及机构负责人社会网络测量等方法，不仅能够被国际学界广泛接受，而且可以为中国智库被国际学术共同体广泛认可打下基础。从 2016 年开始，中国社科院研究团队就设计了 AMI（吸引力、管理力、影响力）综合评价体系，利用调查问卷所获得的客观数据对全球智库的影响力进行评价，其研究成果也得到了学术界的肯定①。

但是，通过智库问卷来获得智库活动数据并评价智库影响力的策略，仍然存在方法论缺陷。一方面，智库评价者们做的所有努力都是将“智库影响力的概念”退化为“有助于智库实现影响力”的行为。黛安娜·斯通就曾评价道，即便我们能够证实撒切尔夫人经常向亚当·斯密研究所咨询，布莱尔首相也听得进费边研究所和公共政策研究所的建议，我们也不能证明英国首相们确实是因为听了智库的建议而做了某个决定。当我们从反馈的问卷中得到了智库参加国会咨询或提交报告的数据后，我们并不知道这些智库活动是否最终真的影响了政策制定。在笔者 2004 年设计的指标体系里，第一次采用了“领导批示”这样的指标来识别中国智库的决策影响力。近年来，大学和研究机构也普遍采用“领导批示”作为考核学者政策影响绩效的指标。领导批示是中国政府正式的行政程序之一，这样一个标志性行政程序或许确实记载了智库报告造成的某种行政后果，但批示是否真的实现了对决策的影响仍然是一个未知数。因此，一些学者仍然质疑领导批示能不能真的代表政策影响力，进而有些学者也担心如果将领导批示作为学者考核指标是否会造成某种误导。

另一方面，虽然问卷调查是被普遍采用的基本智库评价方法，但仍然存在无法避免的数据偏差。一些智库经常有意识或无意识地夸大它们的影响力，这就使我们不可过分相信智库问卷的自我评价和统计

---

① 荆林波. 全球智库评价报告（2015）. 北京：中国社会科学出版社，2016.

数据。例如，里根总统当选仅几个月后，传统基金会（Heritage Foundation）主席埃德温·福伊尔纳（Edwin Feulner）就声称他们60%的政策建议已经被里根政府采纳。但是，在他所说的建议中，有许多早在几年前已由别的研究机构提出。又如亚当·斯密研究所声称20世纪80年代他们有超过100个关于自由市场的思想成为政策，但谁也不知道撒切尔夫人是否真的认可这样的说法。同时，访谈时也注意到有些智库由于某些原因刻意保持低调，隐藏部分决策影响的信息，特别是有时候智库和决策部门签署了保密协议，不得对外公开参与决策的情况。更值得注意的是，由于最近国内各种智库评价研究层出不穷，一些智库经常疲于应付各种调查问卷。所以，调查问卷反馈的数据全面与否，也和这家智库是否认真对待调查问卷密切相关。

在智库影响力测评中，有一批学者还采用收集智库公开行为数据的方法。这种方法的特点是，绕开智库自填问卷时存在的潜在利益冲突和数据偏差，运用各类活动资料所记载的真实信息，对智库进行评价。如唐纳德·E. 埃布尔森（Donald E. Abelson）在他2002年的《智库能发挥作用吗？——公共政策研究机构影响力之评估》一书中，利用美国LexisNexis数据库关于主要报纸和广播电视等媒体对各智库的引用情况、美国国会听证档案中邀请智库专家出席听证会的数量对智库影响力进行评价[①]。近年来，随着搜索引擎的发展，通过网络检索结果识别智库影响力的方法也开始涌现。例如，南京大学于2016年推出的《中国智库网络影响力评价报告》，就采用了机构官网的链接数和社交媒体阅读量等指标[②]。

综观智库影响力测量和评价方法，我们可以比较清晰地看出从主观到客观，从定性到定量，从小样本到大样本，从小数据到大数据的发展趋势。出现这种趋势的原因，首先是因为社会科学和现代信息技

---

① ABELSON D E. Do think tanks matter?：assessing the impact of public policy institutes. Montreal and Kingston：McGill Queen's University Press，2002：251.

② http://topics.gmw.cn/node_88495.htm.

术相结合的方法大势所趋，但更重要的是因为社交网络、新媒体的出现极大地改变了现代国家的政治生态。智库为了追求影响力，也不得不迎合新潮流，主动接纳新媒体的传播方式，拓展影响政策的新途径。因此，智库评价也必须紧跟经济社会发展的步伐，积极开发出新的获得智库数据的方法。未来发展方向之一可能是通过智库及其专家的学术活动的大量无组织痕迹追踪数据，探索智库影响力的“大数据”评价方法。2017 年起连续发布的中国智库的大数据报告，利用中国智库在社交媒体微博和微信上的活动数据，以及全球智库在社交媒体推特和脸书上的活动数据，评价中外智库在社交媒体上的影响力，受到了良好的社会关注①。

但是，我们必须保持清醒的认识：当前所有智库影响力的测评结果，都无法等同于智库真正的影响力。由于智库影响政策的过程过于隐晦而复杂，学界仍然难以找到一个完美的测量方法去准确评判智库影响力的大小。因此，整个智库研究界做的所有努力，都只是从一个或几个侧面去猜测智库实现决策影响力的可能性。

（三）智库独立性

“独立性”历来是西方国家智库宣称的主要特征，也是西方智库研究学者质疑中国智库的“痛点”。中国智库产生的组织背景，使其更易与政策决策者之间产生依附关系，导致中国智库容易出现为既定政策“背书”的问题②。

帕特里克·科勒纳在界定智库概念时对智库独立性给出了比较灵活的定义，使得众多的研究机构得以被视为智库。近年来，由于不同政治、经济、文化背景下的政策研究与咨询机构的发展模式差异被逐

① “中国智库大数据评价研究”课题组（首席专家朱旭峰）. 中国智库大数据报告（2016）. 北京：清华大学公共管理学院，2017；智库研究中心（首席专家朱旭峰）. 清华大学智库大数据报告（2017）. 北京：清华大学公共管理学院，2017.

② 侯定凯. 人文社会科学的知识转化机制探析：兼论优质大学智库的培育. 复旦教育论坛，2011（5）：37.

步认识了解，这一判断逐渐为中西方学者所接受。笔者认为，智库的独立是一种相对的独立，而非和政府划清界限的独立[①]。但直到今日，有关智库独立性的问题仍然争论不休。为了能够更加清晰地对智库独立性命题的争论进行梳理，首先需要对智库在跨国背景下的两类发展模式进行辨析。

苏联模式。苏联智库的发展模式带有明显的计划经济特征，将智库的智力因素吸纳进体制内成为苏联政治经济体制的自然选择。苏联智库的大发展其实源于苏共二十大之后，即20世纪60年代后期，为反思国内经济和政治现实，同时弥补当时的苏共领导层对外部世界尤其是西方世界认知的不足，苏联建立了以国家科学院为首的一系列智库机构。除了国家科学院体系内的智库，苏共党内也设立了分析研究机构，主要职能是提升官方意识形态，使之适应新世界和新时代的要求，苏联领导层主要利用这些党内智库来维护意识形态安全。受当时历史条件的局限，苏共党内智库专家的主要职能是为苏共决策提供理论支持。

美国模式。美国智库的发展模式则突出强调智库的独立性。独立性与非营利性、特色化、现实性和简洁性成为美国智库的主要特点。其中，独立性是智库的本质特征。它包括思想独立、资金独立和政治独立三个层面的含义。思想独立主要是指专家在政策研究方面充分的自主性，为保证智库专家研究的独立性，美国智库利用矩阵式的机构设置来保证机构运转以政策研究为核心。资金独立是指智库的研究不受到资金来源的影响，资金来源多元化似乎是美国智库确保资金独立的惯用手段。政治独立是指美国智库能独立于政党政治之外，研究过程遵循客观独立的原则。虽然不乏智库被质疑研究成果为政治“背书”，但大多数美国智库都力求或至少声称不受任何党派和意识形态的影响。

① 薛澜，朱旭峰．“中国思想库”：涵义、分类与研究展望．科学学研究，2006（3）：321-327；朱旭峰．“思想库”研究：西方研究综述．国外社会科学，2007（1）：60-69.

随着德国、法国、丹麦等欧洲国家的智库实践逐渐进入人们的视野，欧洲各国智库发展模式及其与美国、苏联模式的差异，使得中国智库学界对本国智库发展模式有了进一步的理解和认识。这些差异包括：英国的研究机构大多是依附于政党的，相反，追求独立的研究机构并不受重视且发展缓慢；德国政府和各政党支持组建了大部分研究机构，并认为这样才能够确保智库独立于利益集团（这与美国智库的价值观明显不同）；在法国，第一家智库是法国军方效仿美国兰德公司组建的，而那些非官方智库也主要靠政府的研究订单生存。各国智库发展路径之所以如此纷繁多样，其实质是因为各国都在根据本国国情探索相应的发展模式。因此，我国也应从实际情况出发，既要借鉴国外智库发展模式中的有益经验，又应避免照搬某个特定国家智库的发展模式。

综上，因地制宜地理解独立性就显得很重要了。人们对独立性概念存在不少片面理解：第一，人们常把独立性视为一个研究机构能否被称为智库的判断标准。笔者的理解是，我们确实应批评某些缺乏独立性的智库，并积极推动智库追求独立性，但不能因为智库缺乏绝对独立性就直接将其排除在智库概念之外。第二，一些人认为智库应刻意与政府保持距离以体现其独立性，事实却恰恰可能相反。政府是智库研究产品的最终消费者，智库和政府保持良好关系，有助于智库将研究成果更好地向政府输送。同时，政府也是智库获得政策研究所必需的信息数据的最重要渠道，没有这些资料，智库研究成果的专业性就很难得到保证。第三，独立性并不等于观点的中立，不意味着智库不能公开支持某种倾向性观点。智库的政策倾向往往是智库专家因其教育背景、信息来源和对客观社会价值独立评判的结果。第四，所谓智库独立性的丧失，其实质是智库被某些利益集团收买，成为利益集团的代言工具。如果一个智库被发现依附于某个利益集团，它的公信力也就不复存在了，其研究成果就不会对决策者和公众具有影响力和说服力，这个智库也就失去了存在的意义。

学界对智库独立性的概念界定存在较大争议，尤其是对于中国智库缺乏独立性的质疑，更是层出不穷。一些人认为，从智库机构性质的角度来看，中国智库成为政府的喉舌；从智库经费来源的角度来看，中国智库并不存在成熟的基金会运作环境，智库接受基金会资助、企业等利益集团捐赠的信息不易获取。通过对智库及智库独立性的概念做出辨析，我们试图从不同角度提出智库运行体系的概念，强调智库与政府、基金会、媒体等机构的边界融合特征及其对当代智库发展模式的影响，这些可能的影响使智库不能保持绝对独立性。也就是说，世界上不存在完全独立，甚至与世隔绝的智库，但关键是怎样定义智库独立性的丧失。在此将智库独立性的丧失界定为：接受某方资助并公开替其代言，做出有违政策研究客观性、有损公共利益的政策建议或倡导行为。简单地说就是“拿谁的钱，替谁说话”。

帕特里克·科勒纳对智库独立性的阐述分为三个层面：组织上的独立、财务上的独立和研究上的独立。这三个层面并非分立，但的确存在层次关系。组织和财务上的独立对研究上的独立具有重要影响，但又不是具有决定性的影响。从“拿谁的钱，替谁说话”的维度考察智库的独立性，不回避组织和财务上的独立对研究独立性的影响，但更为突出“拿谁的钱”的资金独立性的重要性，并将独立性的判断转换到“替谁说话”上。由此可见，“拿谁的钱”更可能“替谁说话”，而不拿钱也替其说话则代表着智库研究追求的倾向性。也就是说，智库为某个群体代言并非独立性与否的判断标准，因为其代言可能并不附带其他利益交换，而可能是基于政策研究者个人或组织自身的倾向性。而“拿谁的钱，替谁说话”则意味着智库研究与经费资助间的直接利益交换关系。因此，将智库的独立性界定为：研究者忠实于客观研究结果而不考虑研究结果是否损害了某方的利益。判断独立性的标准应考察研究机构是否能够坚持客观的研究成果，表达独立的政策主张。从中国智库现实实践方面考察，官方背景的智库也会公开批评政府政策，而一些公认的纯民间研究机构也承接了大量的政府研究课题。一个机构是否拥有官方背景并不妨碍它根据研究成果批评政府，而一个机构的纯民间属性也不妨碍它为政府服务[①]。因此，独立性并非界定智库概念的标准，但和智库影响力一样，独立性是智库追求的目标。

结合中国智库发展的现实情况，我们在此提出智库发展的“自主性”概念。自主性将超越组织关系和经费来源的独立性，强调智库基于政策问题和政策研究规律的自主决定权和自主行为。一个行业的职业伦理规范具有保护该行业健康发展的基础性作用，自主性应该成为智库行业的职业伦理规范，而这一观点可以从哲学、伦理学界对知识分子的历史使命、价值分析中找到依据。

智库的自主性并不意味着智库政策研究的随意性，而需要遵循政策问题属性和政策科学的一般规律。从这一意义出发，智库的自主性更多源于智库政策研究的学术属性。同行评审等学术自治形成的对科学精神的尊崇和践行，应该成为智库自主性的源起。中国智库的自主性有赖于智库研究人员的自主意识和自觉性，智库研究人员应遵循科学精神的内在自主性，自主性成为促进高质量智库建设的内在动力。

二、中外智库发展之差异

根据国际智库发展的经验，智库的兴起和蓬勃发展与国家发展战略对智库的需求密不可分。以美国智库发展为例，其快速发展是在第二次世界大战及战后国际秩序的重建时期，美国在全球事务中的话语权也在这一时期逐步确立。改革开放 40 年的中国，诸多领域面临着全面深化改革的难题，国际政治、经济环境变化的不确定性因素剧增。在此“关键机遇期”转向“深化改革期”的关键节点，国家需要学术界和智库提供思想创新和政策方案。2008 年国际金融危机之后，中国被国际社会视为全球经济复苏的重要驱动力，中国有责任在国际

① 朱旭峰. 从中外统计数据看中国智库发展路径. 学习时报，2014-06-16.

公共事务中发挥重要作用，这也是中国国家发展战略的组成部分。在此情境下，中国急需高质量智库提供具有国际影响力的思想观点和政策方案。通过对智库自主性的培育，促进高质量智库建设就成为中国智库发展的重中之重。“中国特色新型智库建设”的重大课题也就应运而生。

但正如薛澜教授所说，我们应进行对“智库热的冷思考”[①]。理论界和实践界热衷于在“智库发展春天”的语境下欣赏西方智库的优越，展开对中国智库未来发展的憧憬和想象，但缺少从理性国际比较的视角辨析“中外智库发展之差异”。智库的定义、范畴、运作机制，甚至参与政策过程的战略行为都与本土政治体制、政策环境、决策机制等有着密不可分的关系，只有明确智库发展的“中西差异”，才能科学借鉴西方智库之长处，突出中国智库之“特色”所在。

随着发展中国家经济社会的快速发展，智库在这些国家的政策过程中发挥出日益重要的作用。发展中国家智库的发展实践，使得以西方智库为参照建立的智库受到学界质疑。那些被视为非独立性的、不中立的发展中国家政策研究和咨询机构，发挥着和智库同等重要的作用，但按照西方智库的定义，这类机构是无法纳入智库范畴的。随后愈来愈多的学者认识到西方智库研究的视角局限性，力图突破这一概念上的桎梏。哈特维希·波茨（Hartwig Pautz）等学者以国家为背景进行了智库发展模式的国际比较研究[②]。坎贝尔（J. L. Campbell）和佩德森（O. K. Pederson）将智库视为一国知识体系（knowledge regime）的一部分，他们认为，知识的生产和决策体系决定了智库不同的发展模式和格局，而一国“知识-政策”转换体系会受到该国政治体制和经济体制的双重影响[③]。

---

① 薛澜．智库热的冷思考：破解中国智库发展之道．中国行政管理，2014（5）：6.

② PAUTZ H. Revisiting the think-tank phenomenon. Public policy and administration，2011，26：419－435.

③ CAMPBELL J L，PEDERSEN O K. Policy ideas，knowledge regimes and comparative political economy//BÉLAND D. Ideas and politics in social science research. New York：Oxford University Press，2011：167－190.

因此，中国智库的发展必然受到中国政治经济体制的深刻影响。特别是改革开放以来，中国政治、经济、社会发展经历了巨大变迁，这无疑会对智库的发展造成重大影响。纵观中国智库体系，不仅存在着中国社科院系统和高校下设智库这类学术型智库，兼具政策研究、咨询和教学科研的功能；还存在着诸如国务院发展研究中心、国家发改委宏观经济研究院等隶属于国务院及各部委的半官方智库。另外，近年来，高校智库、官方支持的社会智库（例如中国国际经济研究中心、中国（深圳）综合开发研究院），以及独立于政府的纯社会智库等多种智库类型均有发展，成为中国智库体系中合理互补的组成部分之一。多元性成为中国智库发展的基本特征，除了在宏观发展上表现出多元性外，中国智库的价值理念、研究领域、研究路径、分析方法也呈现出多元性的特征。不同于西方智库的多元主体竞争，中国特色政治体制为中国智库多元体系提供了一个合理互补、协商共识的平台。

在探讨中西方智库的差异之前，我们首先需要明确：智库间的竞争是什么？智库的最终目的是政策影响力，智库生产并提供的研究成果和政策建议是实现该目标的产品。那么面对有咨询需求的政府决策者，不同智库会提出不同的政策建议供其选择。如果从市场的角度来看上述表述，智库就是知识生产者，它们提供形形色色的思想产品；而政府决策者（甚至对具体议题抱有兴趣的媒体和大众）是思想产品的消费者，其根据个人的偏好选择接受特定生产者的思想产品。这样理解，政策分析市场的概念就呼之欲出了。为了获得特定消费者的认同，智库在政策分析市场中必然存在竞争。

受西方政治环境深刻影响，西方政策分析市场①重视思想产品间的自由竞争：通过各种媒介提供讨论辩论的平台，让不同的政策主张

---

① 西方学者在讨论智库所处的竞争环境时倾向于使用“思想市场”（idea market）一词。“思想市场”作为一个概念，最早由美国大法官奥利弗·温德尔·霍姆斯于 1919 年在亚伯拉姆诉合众国案中提出。考虑到“思想市场”针对广泛的公民机构言论自由，思想产品的生产者不仅限于智库，为示区别，在此运用“政策分析市场”突出智库的思想产品生产者地位。

能够充分发声，从而使更有价值的观点能够脱颖而出，让“真理越辩越明”。在这个竞争过程中，政府作为最终的消费者获得了政策方案，智库作为知识生产者累积了认知度和影响力。虽然有学者曾质疑政策分析市场缺乏政府引导，难以解决“市场失灵”所导致的诸如效率低下、不公平竞争等一系列问题①，但总体上西方政策分析市场仍呈现出自由竞争的显著特征。

但是，中西方智库发展模式的不同正是因为中西方知识体系的不同。在中国，至少是在一定时期内，智库的思想产品竞争是不充分的，也没能形成自由竞争的政策分析市场。前文我们已经总结过中国智库发展路径，相当比例的智库由政府承办，受政府领导，有稳定的工作内容、人员编制和报告渠道，“计划经济”的痕迹严重。非官方的社会智库则常常被排除出决策者考虑范围，缺乏将其纳入决策咨询过程、公平发声的制度设计。社会智库即使得到了竞争机会，也难以获得和上述智库公平竞争的资源和平台。半官方智库和高校智库有从其主管部门获取委托课题的便利，其他类型智库甚至没有资格参与竞争委托课题。很多委托课题虽然以招标形式进行，但是在申报中却通过各种限制条件将竞争者排除在外；或者即便给予竞争资格，评审过程也并不透明，“走过场”的现象并不鲜见。

思想产品的优劣需要市场竞争的检验。中国智库逐渐呈现出的多元化趋势也急需公平、活跃的市场竞争环境。不能否认，长期以来依靠政府资源运作的智库在我国决策咨询过程中发挥出了作用，但这些稳定供给、缺乏充分论证的思想产品越来越难以应对复杂变化的国内外环境和社会问题也是事实。

---

① 例如罗纳德·H. 科斯（Ronald H. Coase）曾于1974年撰文探讨商品市场与思想市场的差异，并表示思想市场一样存在“市场失灵”，需要借助外部力量调控；杰尔姆·A. 巴伦（Jerome A. Barron）认为，思想传播和交流中的马太效应不可避免，这必然导致各方力量的失衡；理查德·波斯纳（Richard Posner）在《法律的经济分析》一书中表示在思想市场的表达自由已严重危及社会秩序的时候，政府干预不失为一种明智的选择。

三、中外智库研究思潮

（一）国外智库研究

以保罗·迪克森1971年出版的著作《智库》为标志，西方智库研究逐渐形成了三种主要的研究路径：历史主义、实证主义和国际比较研究。其中国际比较研究路径的研究重点在于智库发展的国际比较研究和基于全球政策网络和全球政策转移中的智库角色的研究[①]。

智库在西方社会发挥作用已有100多年的历史，但是其真正被学界关注也是近几十年的事情[②]。以美国为例，最早的智库产生于20世纪初，经历过30年代前后学术型智库（如布鲁金斯学会）兴起、第二次世界大战时合同委托型智库（如兰德公司）兴起和60年代鼓吹型智库兴起，各类智库在美国各届政府的法案政策制定博弈中活跃起来。1971年，保罗·迪克森发表了第一本介绍美国智库形成及发展的科普性读物，但在之后的20年间，西方学界并没有产出其他重要著作。直到90年代，伴随着智库在全球范围的发展，西方政策研究界才正式开启智库领域的深入研究。

西方智库的三种主要研究路径——历史主义、实证主义和国际比较研究的发展是有大致的时间序列的[③]。最早出现的著作主要是针对当时智库发展机制成熟的美国及英国等的政治发展史研究，之后逐渐出现了定性定量描述智库发展状况的实证主义研究，随着智库在全球范围内的成长，有关智库的国际比较研究兴起。

---

① 朱旭峰. “思想库”研究：西方研究综述. 国外社会科学，2007（1）：60-69.

② STONE D. Think tanks，global lesson-drawing and networking social policy ideas. Global social policy，2001，1：338-360.

③ 朱旭峰在2007年发表的《“思想库”研究：西方研究综述》中首次提出三种研究路径，在其后张欣等学者均采纳上述分类。

1. 历史主义路径

受政治学研究影响，早期智库研究学者主要通过历史主义路径探究智库发展历程及其影射的宏观政治环境，包括政府关系、利益相关者、社会文化等。该路径若干代表性学者及成果参见表 1 - 2 ，此时的智库研究深受政治学各理论学派（多元主义、精英理论、国家理论等）的影响。

表 1 - 2　　　　历史主义路径代表性学者及其成果

学者	成果
史密斯	精英理论；美国智库发展的原因：基金会、开放政策系统和政治权力分散；思想市场结构；思想掮客[1]
福利和里奇	新时期智库得以发展并兴起的政治背景[2]
科克特	英国自由派智库的发展历程及社会思潮的发展轨迹[3]
德纳姆和加尼特	质疑多元主义观点，英国智库发展及其对英国社会思潮的影响[4]

[1] SMITH J A. Idea brokers：think tanks and the rise of the new policy elite. New York：The Free Press，1991.

[2] FOLEY M，RICCI D M. The transformation of American politics：the New Washington and the rise of think tanks. New Haven：Yale University Press，1993.

[3] COCKETT R. Thinking the unthinkable：think tanks and the counter-revolution，1931—1983. London：Harper Collions，1994.

[4] DENHAM A，GARNETT M. British think tanks and the climate of opinion. London：UCL Press，1998.

2. 实证主义路径

随着政策过程理论的发展，研究者将西方智库研究带入了中观实证研究脉络中。这里不得不提近 20 年来智库研究的代表性学者之一——黛安娜·斯通。1996 年，黛安娜·斯通出版的著作通过案例研讨，详细论述了智库的管理机制和知识网络，剖析了智库实现影响力的理论动因。之后，一系列研究延续了实证主义这一路径。该研究脉络的其他代表性学者及其成果参见表 1 - 3。

表1-3　　实证主义路径代表性学者及其成果

学者	成果
麦甘	1995年智库定量研究（简单数据比较、问卷调查）[1]；智库评价体系，发布年度《全球智库报告》
埃布尔森	1996年以美国外交政策决策过程为案例，阐述了智库参与政策决策的机制[2]；2002年以专著形式建立了智库影响力评估体系，并以美国加拿大作为实证样本[3]
里奇	2004年出版专著，以案例形式定性分析了智库在政策子系统中的作用、以回归分析的方法定量测量了智库影响力[4]
雅克等	以案例探讨美国保守派智库对社会反环境保护思潮的推动作用[5]
埃克斯利	探讨英国知识精英和智库，作为政策网络的主体，参与教育政策决策所发挥的作用[6]
布鲁尔	定量分析非营利研究机构在参与环境政策制定过程中受到党派的特定支持，对智库“独立性”的质疑[7]

[1] MCGANN J G. The competition for dollars, scholars and influence in the public policy research industry. New York: University Press of American, 1995.

[2] ABELSON D E. American think-tanks and their role in U. S. foreign policy. New York: Macmillan Press, 1996.

[3] ABELSON D E. Do think tanks matter?: assessing the impact of public policy institutes. Montreal and Kingston: McGill Queen's University Press, 2002: 251.

[4] RICH A. Think tanks, public policy, and the politics of expertise. Cambridge: Cambridge University Press, 2004.

[5] JACQUES P J, RILEY E D, FREEMAN M. The organisation of denial: conservative think tanks and environmental scepticism. Environmental politics, 2008, 17 (3): 349-385.

[6] EXLEY S. Making policy with “good ideas”: policy networks and the “intellectuals” of new labour. Journal of education policy, 2010, 25 (2): 151-169.

[7] BRULLE R J. Institutionalizing delay: foundation funding and the creation of U. S. climate change counter-movement organizations. Climatic change, 2014, 122 (4): 681-694.

3. 国际比较研究路径

随着智库建设在各国兴起，非英美国家研究者开始关注本国智库的发展状况，而且那些已经功成名就的英美智库问题专家也将自己的研究视野拓展到全球其他国家的智库发展问题。智库国际比较研究的兴起，使得之前广受认同的“美国标准”（尤其是对智库独立性的表述和要求）受到了挑战，研究人员越发认识到国家特有的政治环境和社会思潮对智库发展模式的巨大影响。国际比较研究路径下若干代表性学者及其成果参见表 1 - 4。

表 1 - 4　　国际比较研究路径代表性学者及其成果

学者	成果
泰尔加尔斯基和尤诺	美国城市研究所举办的世界智库论坛上的会议论文集[1]
麦甘和韦弗	基于 2000 年西班牙召开的智库会议撰写的论文集[2]
斯通等	美国政治协会召开的年会论文整理，对各国智库发展进行了比较研究[3]
贝内特等	六个中低收入国家智库的卫生政策影响变迁[4]

[1] TELGARSKY J P，UENO M. Think tanks in a democratic society：an alternative voice. Washington，D. C.：The Urban Institute，1996.

[2] MCGANN J G，WEAVER R K. Think tanks & civil societies：catalysts for ideas and action. London and New York：Routledge，2002.

[3] STONE D，DENHAM A，GARNETT M. Think tanks across nations：a comparative approach. Manchester and New York：Manchester University Press，1998.

[4] BENNETT S，CORLUKA A，DOHERTY J，et al. Influencing policy change：the experience of health think tanks in low-income countries. Health policy and planning，2012，27（3）：194-203.

（二）国内智库研究

20 世纪 90 年代末，陈振明、薛澜、丁煌等学者将“智库”的概念引入国内理论界，从而拉开了中国智库研究的大幕。其中的代表性研究包括：1995 年陈振明发表于《岭南学刊》上的文章《政策分析的职业化》，从政策分析职业化的角度对智库进行研究，该角度能从侧面反映政策分析和政策科学这一学科的发展演化及其广阔的前景，而政策科学职业化与智库的发展密切相连。该文指出，我国的政策分析职业化已经开始起步：在我国有大量人员从事专职政策分析工作，且我国的政策分析教育已经步入正轨；全国性的政策科学研究组织已经出现；政策分析文章也逐渐增多，学术活动日趋活跃，学术研究和应用发展也取得显著成果；等等。同时，文章给出了政策分析职业发展越热，则越有利于中国智库发展的观点①。1996 年薛澜在《科技导报》上发表的文章《美国的思想库及对中国的借鉴》，深入分析了美

① 陈振明. 政策分析的职业化. 岭南学刊，1995（3）：90-93.

国公共政策的形成过程。从提上议程、形成政策、执行政策到评估政策，每个环节都与智库有着千丝万缕的联系。该文较为全面地阐述了与美国智库发展有关的各种因素，高度地概括了美国智库的发展特点。在此基础上，该文对我国政策科学发展提出了建议。该文具有一定的标志性意义，从此开始，公共政策、国际关系、情报学等领域的学者对智库开启了系统的研究①。1997年丁煌在《国际技术经济研究学报》上发表文章《美国的思想库及其在政府决策中的作用》，他在对美国智库的产生和发展过程进行了考察后，对美国智库进行了分类并指出了各类智库的优缺点，分析了美国智库的基本特点，探讨了智库与美国政府之间的关系以及智库在政府决策中如何发挥作用等问题②。

值得注意的一点是，上述学者大多是各级政府决策咨询机构的专家成员，薛澜教授是其中的代表。2003年4月，薛澜教授作为三位讲师之一为中央政治局第四次集体学习授课，讲解了当代科技发展趋势及我国的科技发展，以及如何运用科技手段战胜“非典”的问题，并在2003年10月参加国务院组织的经济形势专家座谈会。2011年，他第二次为中央政治局第二十九次集体学习做了关于培育和发展战略性新兴产业的报告。这些学者既是智库概念的引介者，同时也是智库的专家，在参与决策咨询的过程中同时也承担着“智库建设代言人”的角色。比如薛澜教授作为智库专家，其咨询领域主要集中于科技政策，但其有关中国智库的研究也颇具影响力，其成果被学界大量引用。

在此种思潮的影响下，学术界开始从多个维度探索中国智库的运行机制及其对政策过程的影响。笔者在自己的研究中探讨了中国智库的内涵、社会功能③、影响力④、中国智库的“二轨外交”功能⑤、智

---

① 薛澜．美国的思想库及对中国的借鉴．科技导报，1996（11）：18-22.

② 丁煌．美国的思想库及其在政府决策中的作用．国际技术经济研究学报，1997（3）：31-37.

③ 薛澜，朱旭峰．中国思想库的社会职能：以政策过程为中心的改革之路．管理世界，2009（4）：55-65.

④ 朱旭峰．中国思想库：政策过程中的影响力研究．北京：清华大学出版社，2009.

⑤ 朱旭峰．国际思想库网络：基于“二轨国际机制”模型的理论建构与实证研究．世界经济与政治，2007（5）：22-29.

库的国际化[1]、政策变迁中的专家参与等多个方面。傅广宛等在《我国政府决策机制的变迁与思想库的发展》中分析了政府决策机制与智库两者的相互影响、相互促进关系，从而得出了政府决策机制变迁促进了智库的发展，智库的发展影响了政府决策机制变迁，通过优化政府决策机制可以有效地提高中国智库水平的结论[2]。王莉丽考察了美国智库的“旋转门”机制。她认为，该机制使知识与权力得到最有效的结合：不但保持了美国政治的活力和有效性，也使智库成为培养和储备人才的港湾。对于智库而言，“旋转门”机制所带来的政府官员与智库之间的人际关系网络使智库虽处于政府之外，但却与政府内部保持着密切联系[3]。于今在专著《智库产业的体系构建》中提出要以竞争性市场的手段促进智库产业的健康发展[4]。王佩亨、李国强所著的《海外智库：世界主要国家智库考察报告》，根据亲身调研考察经验，总结了美国、法国、英国、德国、日本、韩国等多国代表性智库的建设特点[5]。清华大学国情研究院院长胡鞍钢在《建设中国特色新型智库：实践与总结》一文中总结了建设高质量智库的实践经验和政策建议。胡鞍钢以党的十八大报告精神为指导、以清华大学国情研究院作为中国智库的缩影，分析了建设中国特色新型智库的必要性、中国智库目前所处水平，并给出了今后的研究展望[6]。胡鞍钢的专著《如何认识当代中国：谈国情研究与智库建设》立足中国经济实力和国际地位迅速崛起的背景，分析了智库建设的定位、原则、作用和影响力等问题[7]。全球化智库理事长王辉耀与秘书长苗绿撰写了一系列

---

① 朱旭峰，礼若竹. 中国思想库的国际化建设. 重庆社会科学，2012（11）：101-108.

② 傅广宛，刘晓永，毛志凌. 我国政府决策机制的变迁与思想库的发展. 当代世界与社会主义，2011（1）：131-134.

③ 王莉丽. 美国智库的“旋转门”机制. 国际问题研究，2010（2）：13-18.

④ 于今. 智库产业的体系构建. 北京：红旗出版社，2013.

⑤ 王佩亨，李国强. 海外智库：世界主要国家智库考察报告. 北京：中国财政经济出版社，2014.

⑥ 胡鞍钢. 建设中国特色新型智库：实践与总结. 上海行政学院学报，2014（2）：4-11.

⑦ 胡鞍钢. 如何认识当代中国：谈国情研究与智库建设. 北京：中信出版社，2016.

专著，讨论在中国崛起进程和国际化背景下，中国智库应在国家治理和国际交往方面承担的责任。2014 年的《大国智库》阐述了全球化时代世界各国智库的发展情况，总结了国际智库发展的规律与作用，并勾勒出未来中国智库的发展路径与前景①；2017 年的《大国背后的“第四力量”》提出了智库创新运营的“五力模型”②；2018 年在另一本专著《全球智库》中分析了共享领导、文化塑造、知识管理、组织管理和战略规划作为创新性智库建设的五大基石所发挥的作用，还指出了智库系统化创新的五个维度：人才、研究、传播、资金和合作③。中国人民大学重阳金融研究院执行院长王文在《打造有国际影响力的中国智库品牌》一文中对中国智库的发展现状进行了分析，指出中国目前明显滞后于经济发展的智库建设如持续下去，会导致中国在全球格局变革环境下的被动④。中国智库作为表达国家话语、展现国家形象的重要渠道，并未能很好地发挥自身作用。除此之外，王文也指出，中国学术界对“智库”概念的理解存在偏差，认为“智库主要是做好研究，提供优质的决策咨询报告，而对外品牌、话语传播、国际交往是相对次要的事情”的观念必须改变。中国多数的智库精英还并没能从社会干预力、国际博弈的角度来理解机构使命。王莉丽在《全面提升中国智库的智力资本》一文中指出了中国智库建设存在的问题，并结合这些问题探讨如何全面提升中国智库的智力资本⑤。

上述国内的智库理论研究，不断加深了学术界、实践界和政策决策部门对现代智库的认识。智库理论研究对智库实践的指导促进作用不言而喻，而智库实践发展同样也刺激着智库理论研究的创新。党的十八大以来，中国智库进入发展新时代，相关理论研究和实践创新的互动愈加活跃。这与国家在重大战略议题的政策研究和咨询方面重视智库作用的激励机制是分不开的。智库越来越多地参与到国家的重大

---

① 王辉耀，苗绿. 大国智库. 北京：人民出版社，2014.

② 王辉耀，苗绿. 大国背后的“第四力量”. 北京：中信出版社，2017.

③ 苗绿，王辉耀. 全球智库. 北京：人民出版社，2018.

④ 王文. 打造有国际影响力的中国智库品牌. 对外传播，2014（5）：33-34.

⑤ 王莉丽. 全面提升中国智库的智力资本. 中国党政干部论坛，2015（1）：6-11.

发展战略讨论中，并通过多种方式主动走出国门，传递中国声音、展示中国形象，致力于参与中国发展、表达中国话语和构建中国软实力。智库实践呈现的诸多新形式，使得智库的机构边界愈加模糊、组织结构愈加多样、机构职能不断丰富。从个体、组织化向网络化、平台化等跨界组织转型的智库大量涌现，成为更广泛的网络、联盟或知识体系中的行动者。中国智库发展的新趋势，为智库理论研究提供了丰富的素材。

Reform and Opening-up and Contemporary Think Tanks in China

第 2 章

改革开放中的中国智库

2 改革开放中的中国智库

中国最早的政策研究机构出现在延安时期，1933 年成立的中共中央党校是其中的代表。新中国成立后受国际形势和苏联的影响，20 世纪 50 年代至 60 年代相继成立了一些国有研究机构，1949 年建立的中国科学院是其中的代表。新中国成立初期建立的具有政策研究能力的机构，相当一部分是服务于军工国防科技领域的[①]，这些机构在长久的发展过程中也成为科研院所智库的主力。但严格说，中国社会科学领域研究机构的大规模产生是与我国的改革开放进程紧密相连的。我国改革开放 40 年来在不同阶段面临的不同问题，促使政府意识到了决策咨询科学化、民主化的重要意义以及智库作为政府“外脑”发挥的重要作用。

一、第一阶段：1978—1991 年

随着中国改革开放大幕的拉起，各级政府对于经济建设的政策咨询需求越来越迫切。中共中央首先于 1977 年在原中国科学院哲学社会科学学部的基础上组建了中国社会科学院，“文化大革命”后的“拨乱反正”为中国哲学社会科学教育研究工作的恢复营造了宽松的氛围，邓小平等同志也对众多社会科学研究所的恢复重建工作非常重视。20 世纪 80 年代，国务院先后成立了 4 个研究中心，分别是国务院经济研究中心、国务院技术经济研究中心、国务院价格研究中心和国务院农村发展研究中心，前 3 个机构在 1985 年合并为国务院发展研究中心。

1986 年，万里在全国软科学研究工作座谈会上提出要建立完善的决策咨询系统，强调各种智库、咨询机构要能把具有不同知识结构、不同经验的专家集中在一起，借助众人的头脑，弥补领导者个人才智、经验和精力的不足[②]。这一时期，党的十三大、十三届六中全

---

① http://opinion.hexun.com/2015-09-02/178802412.html.

② 万里. 决策民主化和科学化是政治体制改革的一个重要课题：在全国软科学研究工作座谈会上的讲话. 软科学研究，1986 (2)：1-9.

会分别对党的重大决策机制和密切联系群众、建立健全民主的科学的决策及决策执行程序做了论述。总体来说，20 世纪 80 年代末 90 年代初，我国对决策民主化、科学化的认识逐步深化。

改革开放初期，人才的匮乏和现实问题的紧逼让当时的中央领导人对由知识分子组成的智囊组织持鼓励态度。1980 年 10 月，在邓小平、邓力群等中央领导的支持下，中国农村发展问题研究组（简称“小组”）成立。事实上，小组在 1979 年已经粗具规模，在组的十几个人全部是有农村上山下乡经历、关心农村改革现实问题的知识青年[①]。在杜润生的指导下，小组成立以后通过调查走访各地农村包产到户的实践情况写成报告。小组关于农村改革的调查研究对中央制定农村改革政策起到了重要作用。小组人员主体（如英淘、杜鹰、周其仁、罗小朋、陈锡文等）在 1985 年基本上都进入国务院农村发展研究中心并在那里建立了发展研究所，这个研究所的第一任所长是王岐山[②]。一脉相承的是，国务院农村发展研究中心在农村改革问题上持续开展了大量田野调查活动，并提出了有针对性的意见建议，这也被视为中国改革领域智库参与的“佳话”[③]。中国科学院、中国工程院、中国科学技术协会在服务国家科技战略、制定科技政策等方面的举措均被视为该时期的代表性智库活动。随着中美外交正常化，中国参与国际事务的态度变得更加开放，参与国际事务的机会和空间，与之前以第三世界国家为主的外交格局相比已经发生了较大变化[④]。中国急需加强新形势下的国别研究和外交政策研究[⑤]。

改革开放以后，国家各部委和地方政府的决策需求陆续催生了数

---

① 邓力群. 搞好农村发展问题的调查是一件全国性的事业. 农业经济丛刊，1982（4）：2-4.

② “九号院”老同事送别杜润生　王岐山曾与其在此工作. 北京青年报，2015-10-24.

③ KELLIHER D. Peasant power in China：the era of rural reform，1979—1989. New Haven：Yale University Press，1992.

④ KIM S S. China and the world：Chinese foreign relations in the post-Cold War era. Boulder：Westview Press，1994.

⑤ SHAMBAUGH D. China's international relations think tanks：evolving structure and process. The China quarterly，2002，171：575-596.

量可观的党政智库和科研院所智库的建立，例如国家发展和改革委员会（原国家计划委员会）就建立了诸如国家发改委宏观经济研究院、国家应对气候变化战略研究与国际合作中心等多个智库。绝大多数部委都建立了至少一个自有的政策研究机构，各省市政府也建立了自己的发展研究中心。这些党政智库的建立基本上满足了当时政府决策的需求。

二、第二阶段：1992—2001 年

以 1992 年南方谈话和党的十四大为标志，中国进入了改革开放的新阶段——建设社会主义市场经济体制阶段。随着国家经济开放和活跃程度的不断提高，中国经济逐渐被纳入全球经济版图，国内经济发展和社会治理开始面临更加复杂的问题。国有企业改制问题成为中国社会主义市场经济建设的重大议题的同时，也引发了大量职工下岗等棘手社会问题[①]。而教育、医疗、就业等社会建设领域的市场化改革使得农村地区和城市低收入群体面临着上学难、看病难、就业难的多重压力，这成为当时中国面临的重大议题[②]。

以上种种社会问题使得中国政府对决策的科学性有了更高的要求。1992 年，党的十四大报告指出，决策的科学化、民主化是实行民主集中制的重要环节，各类专家和研究咨询机构应该积极参与决策过程。1997 年，党的十五大报告中提出，把改革与发展的重大决策同立法结合起来，逐步形成深入了解民情、充分反映民意、广泛集中民智的决策机制。

这一时期，尤其是在经济和外交政策领域，高校智库和社会智库中的一些与政府关系不那么紧密的智库发挥了重要作用。经济政策方

---

① 吴敬琏，谢伏瞻. 国企改革攻坚 15 题. 北京：中国经济出版社，1999.

② NEE V. Social inequalities in reforming state socialism：between redistribution and markets in China. American sociological review，1991，56（3）：267-282.

面，诸如中国社会科学院公共政策研究中心、北京大学中国经济研究中心、天则经济研究所和中国经济 50 人论坛等高校和社会属性的智库对宏观经济和社会政策问题进行了深入研究。外交政策方面，民间的（或非军事的）国际关系研究机构在中国政府制定外交政策和信息分析方面发挥了更大作用，是中国政府官员和外国专家之间的重要纽带，很多机构至今仍在充当中国对外交流的民间窗口，承担着“二轨外交”的职能。

高校智库开始走向建制化，不同于之前高校学者多以个体的形式谋求对中国政策决策过程的影响，而是政府为了在各级决策中获得高校智力支持，依托高校力量建立了许多研究所或研究中心。教育部 1999 年制定的《普通高等学校人文社会科学重点研究基地建设计划》仍是现行中国智库影响力评价的核心指标，当时教育部设立的大部分人文社会科学重点研究基地已经成为中国高校智库的先行者和具有较大影响力的知名智库，比如，北京大学中国经济研究中心、中国人民大学中国经济改革与发展研究院、中国人民大学中国财政金融政策研究中心、南开大学亚太经济合作组织研究中心、厦门大学台湾研究院等①。

随着国内环境的逐步改善，归国学者也开始来到高校建立研究机构。他们不仅拥有对于西方现代智库治理模式的生动认识，也拥有运转实体机构的海外资金。如北京大学中国经济研究中心（虽然为北京大学下属，但却是独立运作的）就是以福特基金会（Ford Foundation）作为种子资金的。

在此期间，社会智库也迎来了真正的规模化发展。仅在 1993—1996 年间，就至少涌现出了 3 批社会智库：（1）主要面向市场的策划、咨询和调研机构；（2）以北京华夏经济社会发展研究中心、北京国民经济研究所、上海福卡经济预测研究所为代表的，以宏观经济政

① 韩万渠. 中国高校智库的组织变迁、发展困境与对策研究. 高教探索，2016（5）：22.

策和经济体制改革为主要研究对象的机构；（3）以世界与中国研究所、上海华夏社会发展研究院、上海东亚研究所等为代表的，以政治、社会、外交等领域公共政策为主要研究对象的机构①。

三、第三阶段：2002—2012 年

党的十六大报告中明确提出："完善专家咨询制度，实行决策的论证制和责任制。"党的十六大以后，中共领导人更加重视重大决策中向智库开展决策咨询工作，2007 年党的十七大报告强调要"发挥思想库作用"。中国政策过程中的决策咨询进入智库时代，为 2013 年《中共中央关于全面深化改革若干重大问题的决定》提出"加强中国特色新型智库建设，建立健全决策咨询制度"奠定了基础。这些表述已经从把对决策科学化、民主化的重视，深化到了决策咨询机构建设的层面。而这些报告中所指的决策咨询机构，和现代智库组织是趋同的。

中央对于决策咨询重要性的进一步认识同样来自国内治理体制的现实压力。随着改革开放的持续深入，新的社会发展问题出现在决策者的眼前，政府在发展中过分强调 GDP 增速而长期忽略的环境问题是其中的突出代表。社会关于环境恶化的负面声音以及环境邻避运动的发生，迫使政府开始重视环境保护问题②。除了经济发展导致的环境和社会问题，在越来越多的产业政策制定执行过程中，也显示出中国"条块分割"的行政体系中部门间利益博弈的现实问题。

随着改革的深入，智库专家们已经从单纯关注经济问题逐渐发展到开始关注民生环保等问题，一个典型的例子是中国智库在 2009 年中国市场化城镇医药卫生体系建立过程中所发挥的重要作用。2000

① 唐磊．中国民间智库 30 年的初步考察．中国社会科学评价，2016（4）：104．

② JOHNSON T. Environmentalism and nimbyism in China：promoting a rules-based approach to public participation. Environmental politics，2010，19（3）：430−448.

年 2 月，国务院公布的《关于城镇医药卫生体制改革的指导意见》指出，要“建立适应社会主义市场经济要求的城镇医药卫生体制”。对于医药卫生体制改革涉及的医疗、制药、公共卫生、保险等复杂的跨学科专业知识，开始时政府也不了解改革后的实际情况，所以委托一些具有官方背景的研究机构对市场化城镇医药卫生体制改革情况进行评估。2005 年，国务院发展研究中心研究员葛延风主持的“中国医疗卫生体制改革”课题组的政策评估发现，医疗卫生体制改革不但没有解决医疗费用上涨问题，反而加剧了这一问题[①]。2005 年 7 月初，葛延风向媒体公布了研究结果，引起舆论大讨论，社会呼吁新一轮城镇医疗卫生体制改革的力量已经势不可当。2006 年 6 月，国务院决定进行新一轮城镇医疗卫生体制改革，政策议程启动。同年 9 月，国务院批准由国家发改委、卫生部等 14 个部委（后增加到 16 个）成立深化医药卫生体制改革部际协调工作小组（简称“医改协调小组”），这标志着新的医疗改革方案正式进入起草阶段。由于医疗改革方案的设计工作是一项极为复杂的工程，政府迫切需要专家建议作为决策参考。2006 年 10 月 23 日，中共中央政治局集体学习邀请了北京大学中国经济研究中心副主任李玲教授、中华医学会副会长刘俊教授讲解国外医疗卫生体制和我国医疗卫生事业发展的相关内容。2007 年 1 月，医改协调小组决定委托北京大学、复旦大学、国务院发展研究中心、世界卫生组织、麦肯锡咨询公司、世界银行 6 家中外机构进行独立平行的医改方案设计，后又加入北京师范大学和中国人民大学两所大学，形成 8 套方案竞逐的局面。5 月底，8 个独立医改方案接受医改协调小组评议。6 月，在 8 套方案的基础上，清华大学与哈佛大学的联合课题组研究制订了第 9 套医改方案。2008 年 2 月，由中国科学院生物与医学部立项，广东医疗卫生界的专家参与制订的新医改第 10 套方案被提交国务院。虽然所有医疗卫生体制改革方案的

---

① 国务院发展研究中心课题组. 对中国医疗卫生体制改革的评价与建议. 中国发展评论，2005（7）增刊 1.

目标都是为群众提供安全、有效、方便、价廉的医疗卫生服务，切实缓解“看病难、看病贵”问题，但专家们的观点大致可以分为“补供方”的“全民基本医疗保障制度”和“补需方”的“全民社会医疗保险制度”两大派[①]。国务院最后颁布的改革方案在综合了各有关部门、专家和社会各界意见后，采用了“供需兼顾”的思路。2008 年 10 月 14 日，《关于深化医药卫生体制改革的意见（征求意见稿）》公布并向全社会征求意见。2009 年 3 月 17 日、18 日，《中共中央国务院关于深化医药卫生体制改革的意见》和《医药卫生体制改革近期重点实施方案（2009—2011 年）》发布。2009 年的国家医改方案“强化政府责任和投入”，“加快建立和完善以基本医疗保障为主体，其他多种形式补充医疗保险和商业健康保险为补充，覆盖城乡居民的多层次医疗保障体系”。2009 年新医改方案颁布后，国务院成立了以李克强副总理为组长、卫生部党组书记张茅为办公室主任、16 个部门参加的深化医药卫生体制改革领导小组，统筹、组织和协调改革工作。

2008 年发生的金融危机及之后全球性经济低迷的状况，对中国外向型产业经济及宏观经济的总体发展影响较大。这些因素和之前经济发展过程中出现的种种问题交织在一起，更加凸显出国家治理面临的复杂性和不确定性的严峻性。中国政府在报告中将之视为社会矛盾、社会风险凸显期[②]。在此过程中，国内智库专家对 2008 年金融危机的误判，更是让决策层意识到现有智库政策研究的不足，并刺激了政府对决策“外脑”重要性的认识。除了国内发展迫切需要智力支持外，全球经济低迷背景下的国际社会越来越多地需要中国扮演更重要的角色。

在这些现实压力面前，中国政府意识到建立能够具备国际竞争力的、传播国际影响力的高水平智库的重要性。在这种背景下，聚焦中

① 王世玲．医改中的智囊们．21 世纪经济报道，2009-04-14.

② 胡锦涛．在省部级主要领导干部提高构建社会主义和谐社会能力专题研讨班上的讲话．北京：人民出版社，2005.

国全球化战略、全球治理研究的全球化智库于 2008 年成立，目前已经成长为中国最大的社会智库。其国际化战略也获得了社会认可，在《全球智库报告 2017》中，全球化智库进入全球智库排名的百强榜中，位列 91。2009 年 1 月，中国国际经济交流中心成立。由于强大的政商学届专家阵容和资源支持，其被媒体称为“超级智库”。该机构不仅代表了中国政府对于独立社会智库的支持和需求，也推动了现代智库治理运作机制在中国的广泛展开。该中心每两年举办的“全球智库峰会”几乎会聚了社会各界精英人士和各国智库领袖，极大促进了国家在政策分析市场与海外观点的交流碰撞。国家需要智库提升国际影响力，为国家参与全球治理提供智力支持，中国智库开始思考通过“走出去”和国际知名智库开展合作，在国内举办全球性智库论坛、峰会的形式，提升中国智库建设的国际化程度。

四、第四阶段：2013 年至今

这一时期中国改革开放全面深化。国内经济正经历爬坡、全面深化改革正攻坚克难、社会发展凸显出深层次矛盾、国际经济政治格局正活跃变化等全新的复杂问题都摆在面前[①]。决策知识体系的多元性、复杂性和决策过程发展的科学化民主化对智库政策研究的内容质量和形式推广都提出了更高的要求。新的形势必然要求智库承担新的职能。其一，智库要做政府的理性决策“外脑”。政府在复杂决策时面临的多重挑战导致其对独立客观政策分析的迫切需要[②]。而能否对政策难题提供科学理性分析，并给出多样化备选方案，是判断智库质量的公认标准之一。其二，智库要做社会的多元价值渠道。随着改革

① 李国强. 对“加强中国特色新型智库建设”的认识和探索. 中国行政管理，2014（5）：16-17.

② 薛澜. 智库热的冷思考：破解中国特色智库发展之道. 中国行政管理，2014（5）：8.

开放的深入进行，中国社会利益群体分化，多元价值观显现。许多新兴社会阶层迫切需要一个表达自身利益诉求的途径，而智库正是这一途径的提供者。其三，智库要做思想的碰撞检验平台。通过汇集不同领域的专家和利益相关者的观点，政策方案的利弊可以在智库平台上得到反复的验证完善。

中共中央形成建设中国特色新型智库这一认识经历了一个过程。政府对智库在推进决策科学化中的作用是肯定的——党的十八大报告突出强调应当通过落实决策机制、鼓励智库建设的方式落实决策咨询科学化和民主化。2012 年 12 月，习近平总书记在中央经济工作会议上的讲话，强调了高质量智库在国家决策制定过程中能够发挥的重要作用。2013 年，在全国宣传思想工作会议上，习近平总书记进一步强调应“讲好中国故事，传播好中国声音”。

在此背景下，国务院发展研究中心适时推出了一份题名为《关于在新时期加强中国智库发挥决策咨询职能》的内部报告。这份报告指出了当时中国政策研究机构存在的弊端，诸如缺乏国际交流经验、思想成果形式单一、研究能力薄弱等；报告还引用了《全球智库报告》关于中国智库的排名数据佐证其观点。

2013 年 4 月 15 日，习近平总书记在看过该报告后做出长篇批示。批示指出，智库是国家软实力的重要组成部分，随着形势的发展，智库的作用会越来越大。要高度重视、积极探索中国特色新型智库的组织形式和管理形式。这是首次出现“中国特色新型智库”的表述，首次将智库建设提升到国家战略层面。

2013 年 11 月，中共十八届三中全会发布的《中共中央关于全面深化改革若干重大问题的决定》提出了“加强中国特色新型智库建设，建立健全决策咨询制度”的总体要求。此后，习近平总书记对决策咨询体制进行了一系列重大改革，包括成立中央全面深化改革领导小组。

2014 年 10 月 27 日，中央全面深化改革领导小组第六次会议审议通过了《关于加强中国特色新型智库建设的意见》。2015 年 1 月，中共中央办公厅、国务院办公厅印发《关于加强中国特色新型智库建设的意见》，这是中央针对中国智库建设做出的第一份全面系统的纲领性规划①，为中国特色新型智库建设指明了总体目标和行动方向。由于智库活动本身与哲学社会科学和意识形态方面的联系，中共中央宣传部被指定为该意见的主要负责机构，文件对中国智库建设做出了进一步的战略规划。

2015 年 11 月，中央全面深化改革领导小组第十八次会议审议通过了《国家高端智库建设试点工作方案》。2015 年 12 月，国家高端智库建设试点工作会议召开，共有 25 家机构入选首批国家高端智库建设试点单位（见表 2-1）。试点工作方案对智库管理体系进行了重要的制度调整。首先，全国哲学社会科学规划领导小组的负责人为中宣部部长刘奇葆，由他负责智库发展的宏观指导。其次，全国哲学社会科学规划领导小组成立国家高端智库理事会，理事会成员遴选自各中央决策部门和现有的高水平智库负责人。再次，试点工作方案的总体工作在中宣部领导下进行，由全国哲学社会科学规划办公室（负责管理国家社会科学基金的局级机构）成立智库委员会秘书处，负责日常沟通工作；国家社会科学基金向这些机构每年提供 1 000 万元的研究基金。最后，试点工作方案建立了试点智库的跟踪考评办法。中央将研究任务分配给智库，并赋予其自主选题的权利。智库产出的研究成果由全国哲学社会科学规划办公室在其内部刊物《国家高端智库报告》中选登，国家高端智库理事会定期请第三方机构对高端智库建设试点机构进行评估。

表 2-1　　25 家首批国家高端智库建设试点单位及隶属机构

试点	隶属机构
国务院发展研究中心	国务院
中国社会科学院	国务院
中国科学院	国务院

① 朱旭峰，韩万渠. 迎接中国智库建设的春天. 中国社会科学报，2015-01-30.

续前表

试点	隶属机构
中国工程院	国务院
中央党校	中共中央
国家行政学院	中共中央
新华社	国务院
军事科学院	中共中央军委
国防大学	中共中央军委
中央编译局	中共中央
国家金融与发展实验室	社科院
国家全球战略智库	社科院
中国现代国际关系研究院	社科院
国家发改委宏观经济研究院	国家发改委
商务部国际贸易经济合作研究院	商务部
北京大学国家发展研究院	北京大学
清华大学国情研究院	清华大学
中国人民大学国家发展与战略研究院	中国人民大学
复旦大学中国研究院	复旦大学
武汉大学国际法研究所	武汉大学
中山大学粤港澳发展研究院	中山大学
上海社会科学院	上海市人民政府
中国石油集团经济技术研究院	中国石油集团
中国国际经济交流中心	社会智库
中国（深圳）综合开发研究院	社会智库

经过改革开放40年来的多阶段发展，我国的政策研究机构开始具有一定规模，也具有一定研究能力。但是面临国家当前种种社会问题及国际复杂情势时，碎片化、同质化、条块分割的既有政策研究体系显示出了不适应、不胜任的一面。国家明确做出建设中国特色新型智库体系的战略部署，一是鼓励具有实力的民间政策研究机构行使智库职能，更重要的是整合现有的政策研究机构体系，使其形成多元活跃、优势互补、竞争有序的现代智库体系，提升知识转化应用的效

率，促进政策决策科学民主化进程。

多元智库体系的协同发展要求智库必须走专业化道路。原有政策研究机构基于研究基础频频开展面向政策需求的整合动作：北京市社会科学院对原有依据学科划分的研究中心、研究所进行了大规模撤并，将 10 余个研究单位合并为 3 个，分别针对京津冀协同发展、城市治理能力评估和首都城市战略定位现实需求问题开展研究。中国人民大学国家发展与战略研究院以先前成立的 13 个人文社科基地为基础，同时吸收了来自中国人民大学重阳金融研究院的研究团队，对机构的知识结构做出了进一步的补充，从而确定了经济治理与经济发展、政治治理与法治建设、社会治理与社会创新①三大核心领域，形成了 10 个特色团队及 15 个研究中心。上海社会科学院在 2015 年根据国家高端智库建设的新要求，重新组建了科研处、智库建设处，充实智库研究中心的功能，形成“两处一中心”的新格局，将行政资金的管理权力收归到机构层面，将科研自主权放归科研人员②。

除了拥有一定资源基础的事业单位型智库和高校智库积极通过机构机制调整改革形成竞争优势以外，社会智库也在多元化智库体系中发挥着越来越重要的作用。由于社会各阶层的力量崛起和社交网络的发展，社会各群体利益表达的诉求越来越强烈、途径越来越便捷，这为智库专家间接影响政策决策提供了一定的环境基础。

---

① http://nads. ruc. edu. cn/more2. php? cid=373.

② 林影，陈占宏. 打造中国一流的智库：访上海社科院党委书记、院长王荣华. 沪港经济，2008 (6)：10-12.

第3章

多元化的中国智库体系

3 多元化的中国智库体系

本章主要以案例分析的形式展示当代中国智库的主要存在形式。根据单位性质，本书将当代中国智库分为半官方智库、高校智库和社会智库三大类，各类型智库的数量及占比如图 3－1 所示。

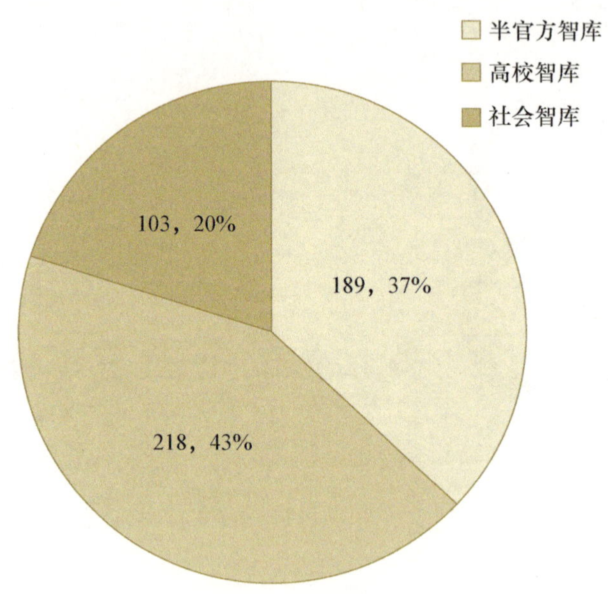

图 3－1　当代中国智库类型数量及占比

资料来源："中国智库大数据评价研究"课题组（首席专家朱旭峰）. 中国智库大数据报告（2016）. 北京：清华大学公共管理学院，2017.

在详细讨论上述三类智库之前，首先需要明确的是我国普遍存在的、党政机关内部设立的、负责政策拟定和研究的机构是否也属于智库的范畴。党政机关内部设立的机构主要包括中央及地方各级党委政策研究室、中央及地方各级政府研究室两类。由于不具备独立的法人资格，这类机构发挥的智库职能较为有限。很大程度上，党政智库直接参与政府报告的起草和有关政策的制定过程，成为政府政策决策过程的一个环节，而不是作为咨询"外脑"。因此，本书并未考虑将此类机构纳入讨论的智库体系之内。

一、半官方智库

半官方智库是中国智库的最普遍形式，主要指各类事业单位性质的研究机构。如果按照事业单位管理机构的类型，可以将半官方智库分为中央党政军直属智库、国家各部委直属半官方智库、各级地方党政军智库、各级地方部门智库。它们一般为全额事业编制或者差额事业编制，内部人员一般具有事业编制。虽然半官方智库在经费和人事管理上并未完全与政府分离，但是由于其享有独立的法人单位性质，因此具有较大的研究自主性。

可以看出，半官方智库是我国事业单位的子集，是从事政策研究和决策咨询活动的一类事业单位。作为中国特色的智库类型，半官方智库在历史上一直发挥着重要的资政谏言作用。例如，国务院技术经济研究中心成立后不久，根据邓小平同志提出的到 20 世纪末国民经济翻两番的设想，组织了 500 多名专家，从战略的角度对《2000 年的中国》一书进行了研究。2011 年颁布的《中共中央　国务院关于分类推进事业单位改革的指导意见》，进一步明确了事业单位的组织边界，对未按规定设立或原承担特定任务已完成的，予以撤销。对布局结构不合理、设置过于分散、工作任务严重不足或职责相同相近的，予以整合。事业单位强调公益性和知识密集性，在一定程度上衔接了中国特色新型智库的建设推进。2017 年，科技部、中央编办与人力资源和社会保障部颁布的《关于中央级科研事业单位章程制定工作的指导意见》明确规定了在党领导的有条件的机构可以建立法人治理机构，设立理事会，这种机构治理模式也符合现代智库的运作管理机制。

参照中共中央办公厅、国务院办公厅《关于加强中国特色新型智库建设的意见》，半官方智库囊括了七类智库形式中的五大类，包括党政部门智库、党校行政学院智库、社科院智库、科研院所智库和军队智库，可见半官方智库在我国智库体系中具有重要地位。为了全面展示半官方智库的建设运作情况，本书在此展示六个典型的半官方智库案例，分别是中国社会科学院、国务院发展研究中心、中国工程院、中国科学院科技战略咨询研究院、上海社会科学院、上海国际问题研究院。

（一）中国社会科学院

中国社会科学院（简称“中国社科院”）正式成立于 1977 年，是中共中央直接领导、国务院直属的事业单位。机构前身是成立于 1955 年的中国科学院哲学社会科学部。历任院长是胡乔木、马洪、胡绳、李铁映、陈奎元、王伟光，现任院长是谢伏瞻。中国社科院现有 6 个学部，成立于 2006 年，分别是马克思主义研究学部、文哲学部、历史学部、经济学部、社会政法学部和国际研究学部①。现有 35 个研究所、88 个研究中心。2011 年，中国社科院启动“哲学社会科学创新工程”，分别在财政与贸易经济研究所、亚洲与太平洋研究所、社会发展研究所的基础上正式组建 3 个定位为“国家级学术型智库”的研究院，即财经战略研究院、亚太与全球战略研究院、社会发展战略研究院②。2015 年，中共中央办公厅、国务院办公厅出台《关于加强中国特色新型智库建设的意见》之后，中国社科院责成原有 11 个研究单位为负责机构，力图打造 11 个综合性、跨学科的专业化新型智库③。

中国社科院拥有一批在国内外学术界学术造诣极高的专家学者和在学术理论方面崭露头角的中青年科研人员。机构共设二、三级学科近 300 个，其中重点学科 120 个；全院总人数 4 200 余，科研业务人员 3 200 多人，其中高级专业人员 1 676 名④。中国社科院以学术著作、科研论文、调查研究报告、资料翻译和文献整理等形式向社会各界提供科研产品。机构直属有中国社会科学出版社、社会科学文献出

① http://www.sohu.com/a/143639111_688065.

② http://zqb.cyol.com/html/2011-12/30/nw.D110000zgqnb_20111230_3-06.htm.

③ 王斯敏，等. 中国社科院建设 11 个专业化新型智库. 光明日报，2015-05-27.

④ http://cass.cssn.cn/gaikuang/.

版社、中国社会科学杂志社三大出版机构，而各研究所下属的出版机构则更多，如中国社科院工业经济研究所下属的经济管理出版社。中国社科院还主办了《中国社会科学》《历史研究》《哲学研究》《经济研究》《法学研究》《文学评论》《世界经济》等 90 种学术刊物。

除了学术研究以外，中国社科院还肩负着政策研究和咨询的任务。2002 年，江泽民视察中国社科院时指出哲学社会科学界的五项职责：认识世界、传承文明、创新理论、咨政育人和服务社会。2003 年，政治局常委李长春视察中国社科院时，要求中国社科院不仅要成为马克思主义的坚强阵地，发挥好五项职责，还要成为党中央和国务院的思想库和智囊团。2005 年，中国社科院科研局副局长王延中在接受记者采访时介绍，“每年我们在完成常规科研任务的同时，还会接受一些中央交办的课题。具体题目大多由党中央、国务院、全国人大常委会等部门的主要领导指定。这些课题具有时效性、对策性和战略性的特点”，“在一些关键时刻，中央领导会首先想到中国社科院”[①]。这些“中央交办的课题”每年有 10～20 项[②]。除了中央交办课题以外，国家还增加了中国社科院常规课题研究的投入。根据英国学者 Sleeboom-Faulkner 对《中国社会科学院年鉴》的统计，由财政部拨付的社科院级的课题经费从 2000 年的 1 000 万元增加到 2001 年的 3 500 万元，研究所级的课题经费从 2000 年的 1 200 万元增加到 2001 年的 1 500 万元[③]。此外，中国社科院 2000 年制定了《中国社会科学院重大课题管理办法》，鼓励社科院专家申请重大课题。这些课题中一部分是为了开展重大学术理论研究的，另一部分旨在为国家决策开展决策咨询研究[④]。

---

① 贺大为. 中国社会科学院：志在做中央智囊团. 半月谈，2005-06-16.

② SLEEBOOM-FAULKNER M. Regulating intellectual life in China：the case of the Chinese academy of social sciences. The China quarterly，2007，189：94.

③ 同②93.

④ 在该办法实施的第一年，中国社科院共资助了 69 个重大课题（http://kyj. cass. cn/show_News. asp? id=236）；2007 年，中国社科院共资助了 23 个重大课题（http://www. cass. net. cn/file/2007082999853. html）。

中国社科院拥有定期向中央部门提供智力支持的渠道，中国社科院办公厅高频率地向党中央和国务院报送《中国社会科学院要报》。《中国社会科学院要报》分为《信息专报》和《领导参阅》两个版本。《信息专报》是中国社科院的专家们向党中央、国务院以及国家有关部门报送信息的主要渠道。它不定期刊登社科界专家学者对我国经济、政治、文化以及国际政治等各方面的重大问题进行调查研究、分析论证、对策建议的稿件，多为学者针对当前具体问题撰写的小型分析文章，通过三五千字就指出当前的问题、机理并提出相应对策。随着中央领导对信息与分析材料需求的增加，中国社科院的报送量也日益增多[①]，有关部门还主动就一些比较紧急的问题向中国社科院约稿。《领导参阅》是面向全国各级领导干部的对策信息性刊物，定期刊出，每月 3 期，每期 20 页，3 万字左右。

除了交付党中央和国务院直接交办的研究项目的结题成果和《中国社会科学院要报》外，中央领导还经常邀请中国社科院专家学者走进中南海参加座谈会与论证会，其中最值得介绍的是中国社科院专家学者频繁在中央政治局集体学习会上为中央领导做讲座。从 2002 年 12 月 26 日第一次中央政治局集体学习会开始，中央政治局平均每 40 天就要举行一次集体学习会，邀请国内著名专家学者，就某个重大问题为中央决策者讲课。在所有被邀请做讲座的专家学者中，中国社科院被邀请的专家学者人数是最多的。据 2015 年统计数据，共有 30 多位中国社科院专家学者曾担任中央政治局集体学习会主讲人[②]。这充分说明中国社科院对中国高层决策的影响力。

（二）国务院发展研究中心

国务院发展研究中心是国务院直属的正部级事业单位，成立于 1980 年。20 世纪 80 年代初，国务院相继成立了四个研究中心，它们

① http://bgt.cass.cn/kw_1.htm.

② 王琎. 从“社科殿堂”到“国家智囊”. 光明日报，2015-08-25.

分别是国务院经济研究中心、国务院技术经济研究中心、国务院价格研究中心和国务院农村发展研究中心。1985年，国务院经济研究中心、国务院技术经济研究中心和国务院价格研究中心合并为现在的国务院发展研究中心，1990年国务院农村发展研究中心的部分职能和人员也并入国务院发展研究中心。中心现任主任是李伟。

机构目前设有学术委员会和专业技术职务资格评审委员会，机构下属的宏观经济研究部、发展战略和区域经济研究部、农村经济研究部等12个部门受两个组织的监督领导，同时下属的还有中国发展出版社、中国经济时报社、管理世界杂志社、中国经济年鉴社等重要学术和公众媒体单位以及中国发展研究基金会这一独立运作的公益基金会。目前，国务院发展研究中心有专职研究人员约160人。中心领导层多有较长时间的中央政府部门任职经历，例如主任李伟曾任国务院总理办公室主任、国务院研究室副主任；党委书记马建堂曾任国家行政学院党委副书记。根据2018年机构预算，财政拨款占2018年收入总额的78.31%①。

国务院发展研究中心对中国的经济政策有较大的话语权和影响力。中国共产党全国代表大会报告、中国共产党中央委员会全体会议公报、五年规划和《政府工作报告》等一系列纲领性文件的规划和起草工作中，都能看到国务院发展研究中心专家的参与。如曾担任国务院发展研究中心副主任的陈清泰是中共十四届三中全会、十五届四中全会、十六届二中和三中全会关于中国经济问题的相关文件的起草人之一②。国务院及相关部委交办和委托国务院发展研究中心完成大量课题，其研究成果完成后形成的报告被递交给中央相关部门，供决策者参考。中心原副主任卢中原，在担任宏观经济研究部部长期间，向国务院提交的研究报告曾7次获得过国务院领导批示③。除了通过呈

① http://www.drc.gov.cn/n/20180412/1-477-2895890.htm.

② http://epaper.gmw.cn/gmrb/html/2016-03/30/nw.D110000gmrb_20160330_1-16.htm.

③ 朱旭峰. 中国思想库：政策过程中的影响力研究. 北京：清华大学出版社，2009：163.

送内参的形式影响决策，国务院发展研究中心还可以通过开展培训或举办会议的形式对政府施加潜移默化的影响。从 2002 年开始，中心每年举办一期“公共管理高级培训班”，培训 60 名左右局级或副部级的政府人员。中心每年举办一次的“中国发展高层论坛”，是经国务院批准的高层次论坛，汇集了数百位政府部门领导、国际组织负责人、国外政要、知名学者、企业领袖等各界代表。

虽然国务院发展研究中心是国务院直属事业单位，但其在政策研究上却表现出较强的自主性和开放性。在过去十多年中，中心数次研究活动提出的建议均打破了其应“与中央政府的政策保持一致”的传统认知。2003 年，中心就与世界卫生组织合作开展了“中国医疗卫生体制改革”课题研究，2005 年，课题组报告中得出了“从总体上讲，改革是不成功的”的结论。由于该报告刊登于内部刊物，并没有得到注意，后课题组负责人向社会公布了这份研究报告，引起了高度关注。这份报告最终推动了中国医疗体制改革的正式启动①。2012 年，中心与世界银行的联合课题报告《中国 2030：建设现代、和谐、有创造力的社会》针对国有企业改制提出了若干市场化改革建议，报告发布后，在社会上引起广泛关注和热烈讨论。2013 年，中心在《中国改革》杂志中全文刊登了其为中共十八届三中全会提交的“383”改革方案，该改革方案也因其中涉及行政审批制度、反腐倡廉制度、土地制度、财税体制改革等建议受到社会热议②。除此之外，国务院发展研究中心研究员在观点表达上也比较自由，在国家经济社会热点问题上，依托报纸、杂志或其他媒介发表个人观点的现象比较常见。

（三）中国工程院

中国工程院成立于 1994 年，是国务院直属事业单位。中国工程院的前身是 1954 年成立的中国科学院技术科学部。1980 年后，考虑

---

① 朱旭峰. 中国社会政策变迁中的专家参与模式研究. 社会学研究，2011（2）：1-27.

② http://www.nbd.com.cn/articles/2013-10-28/782780.html.

到工程技术在我国现代化建设中的重要作用，学部若干委员提请建立独立的“中国工程与技术科学院”，但因条件不成熟，故搁浅；1992年，学部多名委员再次提案，该提案获江泽民同志批示并报温家宝同志办理，筹备一年多后建立了中国工程院。中国工程院机构主体为院士大会，不设下属机构。机构的主要职能之一是组织院士开展战略咨询研究，为国家决策提供支撑服务[①]。中国工程院现有院士 868 人[②]。

中国工程院目前是院士大会领导下的院长负责制。院士大会两年召开一次，在会上审议工作报告、选举院长及副院长，并进行院士增选工作。院士大会设主席团作为常设领导机构，院长为主席团执行主席，主持主席团会议。同时，院领导管理下属的 9 个学部、6 个专门委员会以及办事机构。中国工程院设有专门的咨询工作委员会和战略咨询中心。其中，战略咨询中心是中国工程院的司局级二级机构，主要职能是围绕工程科技服务经济社会科学发展，进行持续性、储备性、前瞻性战略研究，积极搜索现代智库国际合作交流和科学研究方法，承担跨领域的专业化咨询研究、项目管理、信息保障及人才培养等工作[③]。

中国工程院在科技政策咨询和制定方面发挥了积极作用。组织开展的战略咨询研究主要结合国民经济和社会发展规划、计划，组织研究工程科学技术领域的重大、关键性问题，接受政府、地方、行业等的委托，对重大工程科学技术发展规划、计划、方案及其实施等提供咨询意见。根据咨询研究项目的来源可分为主动咨询、委托咨询、委托和主动相结合咨询三类。根据研究的内容和所涉及的领域、规模，可分为重大、重点和学部级咨询研究项目[④]。中国工程院曾承担《国家中长期科学和技术发展规划（2006—2020）》中的制造业专题，并组织院士和专家对 20 个专题研究的报告进行咨询评议。除了承接来

---

① http://www.cae.cn/cae/html/main/col83/column_83_1.html.

② http://www.cae.cn/cae/html/main/col85/column_85_1.html.

③ http://www.cae.cn/cae/html/main/col23/column_23_1.html.

④ http://www.cae.cn/cae/html/main/col83/column_83_1.html.

自中央的规划需要，中国工程院也通过感知现实需求挖掘有价值的研究问题。进入 21 世纪以后，国家城镇化问题突出，关于城市发展规模问题也存在争论。针对上述现实问题，中国工程院部署了“城镇化”相关咨询项目，基于对东部的珠三角、长三角，中部的武汉、长江流域城市群，以及西部的西安、兰州的调查研究，项目最终得出中国城镇化应走“大中小城市结合发展，控制特大城市，要建设城市群”的发展思路，这些主张得到了时任国家领导人的认可①。

（四）中国科学院科技战略咨询研究院

中国科学院科技战略咨询研究院（简称“战略咨询院”）是中国科学院下属的科研事业单位，成立于 2016 年。在中国科学院被确定为首批国家高端智库建设试点单位之一后，战略咨询院作为试点单位的重点任务组建起来。机构定位是立足中国科学院的学部优势，发挥国家科学技术方面最高咨询机构作用的研究和支撑机构②。现任院长为潘教峰。

战略咨询院采用理事会领导下的院长负责制的机构治理机制，理事会负责机构发展战略和规划，理事长由中科院领导担任，现任理事长为白春礼院长。同时，战略咨询院设立由外部专家组成的咨询顾问委员会和院内专家组成的学术委员会，以监督机构研究咨询活动。目前，机构研究板块包括科技发展战略研究所、创新发展政策研究所、可持续发展战略研究所、系统分析与管理研究所、科技战略情报研究所 5 个研究所，以及负责高端智库建设试点联络、任务管理、成果综合集成和成果报送的重大任务集成部③；另设有 4 个学部研究支撑中心和 1 个第三方评估研究支撑中心；针对智库知识传播、公众推送和成果管理，专门成立了信息网络与传播中心。机构主办《中国管理科

---

① 徐匡迪．徐匡迪院士访谈　中国智库的历史、现状与未来展望．中国科学院院刊，2016 (8)：903.

② http://www.casisd.cn/jggk/jgjj/.

③ http://www.casisd.cn/jggk/nj/201709/t20170906_4855963.html.

学》《科研管理》《科学学研究》《科学与社会》等重要学术期刊。《中国科学院院刊》编辑部挂靠战略咨询院。目前机构在职员工 194 人，其中科研岗位 161 人①。

战略咨询院的核心竞争优势在于科技战略与产业研究，主要通过承担课题项目提供政策建议。根据 2016 年相关统计数据，战略咨询院全年共立项 224 个，其中国家高端智库项目 23 个，包括中财办、发改委、商务部、人社部、科技部、环保部在内的中央及国家部委项目 59 个，承担中科院部署任务 45 个，竞争承担国家研发计划任务 34 个，竞争承担地方、企业和其他任务 63 个②。呈报内参是战略咨询院寻求政策决策影响的另一途径，除了中宣部搭建的面向国家高端智库建设试点的直通呈送渠道以外，战略咨询院与国务院研究室联合建立了中国创新战略与政策研究中心（院级非法人单元）③，作为战略咨询院更好对接中央决策需求的枢纽单位。为了系统性引导研究人员以政策需求为导向进行研究，战略咨询院在绩效考评制度上将内参的批复级别作为重要考核指标，同时对其给予资金激励。由于成立时间较短，战略咨询院在会议活动方面尚未形成品牌效应，主办的“国家高端科技智库大讲堂”在人力资源和影响力上有待进一步发展。

中国科学院科技政策与管理科学研究所（简称“政策所”）是战略咨询院的主体前身机构，在成为服务中央决策的高端智库之前，政策所主要以科研产出作为评价基准，中国科学院的院所系统是它们提供评估咨询业务的主要对象。战略咨询院的最初建设路径并不是直接成立新机构，而是采取先将政策所建立为开放性平台组织这一方案。而在实施过程中，由于机构原始定位的影响，工作开展以及制度改革并不顺利。战略咨询院成立以后，聘请院内外专家、开展课题联络和对外合作工作“顺利很多”成为很多研究人员的共识。但是不得不承认，“中科院的直属单位”这一行政隶属关系使得战略咨询院难免在

① http://www.casisd.cn/jggk/jgjj/.

② http://www.casisd.cn/jggk/nj/201709/t20170906_4855963.html.

③ http://www.bjb.cas.cn/gzjz/201712/t20171201_4905547.html.

项目承接、资金管理等机构运作关键步骤上存在一些局限。由于战略咨询院的专家、学科积累等资源高度依赖于中国科学院，战略咨询院需要分拨一部分精力满足中科院内部的学科服务需要。战略咨询院在机构设置上专门保留了学部支撑的 4 个中心以服务于中科院内部的项目需要，但是这 4 个中心的人员资源与机构主题研究模块存在重合的问题。

（五）上海社会科学院

上海社会科学院（简称“上海社科院”）是上海市委宣传部下属的一个全额拨款事业单位，成立于 1958 年，由当时的中国科学院上海经济研究所和上海历史研究所、上海财经学院、华东政法学院、复旦大学法律系合并而成。它是新中国建立最早的社科院，也是全国最大的地方社科院①，是首批国家高端智库建设试点单位。

上海社科院是国内较早做出向现代智库转型的战略部署的哲学社科类科研机构，这也部分得益于上海市本身在改革开放进程中的排头兵地位。早在 2005 年，上海社科院就提出“建设国内一流、国际知名的社会主义智库”的目标，2006 年，这一提法得到了时任上海市委副书记的肯定②。2015 年后，上海社科院对机构治理模式进行了改革，将以往的院、所两级制改为院，侧重行政联络职能和公共服务保障，研究所专事科研工作和人才队伍建设③。院机关包括党政领导班子及其他部门，机构目前设 17 个研究所及 12 个研究中心，在职员工约 760 人。

上海社科院以政府决策咨询服务为主要职能，为培养和把握前瞻性观点，其很重视机构内部的知识创造、创新。上海社科院在服务政府决策上的积极姿态与上海市在中国改革开放中的地位有密不可分的

---

① http://www.sass.org.cn/Default.aspx? tabid=141&language=zh-CN.

② 林影，陈占宏．打造中国一流的智库：访上海社科院党委书记、院长王荣华．沪港经济，2008（6）：10－12.

③ 李雪．以体制机制改革支撑国家高端智库建设：上海社会科学院院长王战访谈录．经济师，2017（1）：6－7.

关系。早在 20 世纪 90 年代初，上海社科院就参与了浦东开发的战略规划制定过程，除此之外，在上海市改革进程中的诸如长三角地区开发开放、上海世博会主题演绎、"十一五"规划制定等决策问题中机构均发挥了咨询作用①。在这个过程中，上海社科院得到了上海市政府的高度信任。2006 年，时任上海市市长韩正考察上海社科院时，专门感谢了其长期以来对上海社会经济和文化发展做出的重要贡献②。随着上海社科院在政策咨询中的影响力逐步扩大，机构也不断强化其在全国甚至国际上的品牌效应。2009 年，上海社科院正式成立智库研究中心，并于 2013 年开始发布年度智库排行榜。

上海社科院在机构内部实施的知识创新激励和项目质量控制活动，激发了研究人员的研究积极性。2014 年，机构启动"创新工程"，在机构内部评选并设立创新团队和个人。对获评的团队和个人实施资源倾斜，组织前沿课题立项，培养知识创新能力。2014—2015 年，院内创新团队和个人共完成中央、市委交办的重大课题 31 个，获得中央政治局及以上领导批示 30 多次③。机构孵化项目需要资金支持，财政划拨款项无法适应机构发展需求是不少半官方智库的"痛点"。上海社科院在王荣华院长时期就开始争取财政拨款以外的资金，但是来自社会企业的捐款总带有"互利共赢"的意图，这让全局性的中长期课题乏人问津。为了解决这种困境，上海社科院设立了若干基金会，包括 2015 年成立的"上海国际经济交流基金会"、2017 年成立的"上海社会科学院智库建设基金会"。

（六）上海国际问题研究院

上海国际问题研究院（简称"上海国研院"）是隶属于上海市人民政府的事业单位，前身为 1960 年成立的上海国际问题研究所④。

---

① 户华为，曹继军. 重要决策中都有社科院的声音. 光明日报，2008-04-18.

② http://www.gov.cn/gzdt/2013-11/28/content_2536892.htm.

③ 李雪. 以体制机制改革支撑国家高端智库建设：上海社会科学院院长王战访谈录. 经济师，2017（1）：6.

④ 杨洁勉. 风雨五十年 辉煌新世纪. 国际展望，2010（5）：5.

首任所长金仲华早在新中国成立之前，就开始国际关系研究，并于20世纪40年代创办了《世界知识》杂志[①]。机构依托上海作为中国外交活动的重要窗口这一独特优势，为上海的对外开放和经济发展服务，主要研究美国、日本、欧洲、俄罗斯及亚太地区的相关形势。机构以服务党和政府决策为宗旨，以政策咨询为方向，通过对当代国际政治、经济、外交、安全的全方位研究，为党和政府决策提供有力的智力支持；通过与国内外研究机构和专家学者的合作交流，增强我国的国际影响力和国际话语权，提升国家的软实力[②]。现任院长是陈东晓。

上海国研院目前取得的国际声誉与上海市本身的独特发展环境息息相关。作为国家经济建设和改革开放的排头兵，上海在国际问题研究上具有区位优势和特殊的问题敏感度。尼克松总统对上海的访问使上海国研院率先恢复了国际关系研究工作[③]，这也成为上海国研院在相关领域取得优势竞争地位的一个基础。

上海国研院设有学术委员会，前任院长杨洁勉担任学术委员会主任。21世纪初，受到上海开放环境的影响和上海学术界国际关系问题研究的竞争压力，机构在调整、借鉴西方国际关系理论和视角的传统研究路径的基础上，也积极地开展机构运作机制改革。上海国研院于2003年左右启动了新的考核和激励机制；2009年完成建院事宜，开始从国别研究转向政策议题研究；2012年，机构启动了项目制改革，依据“先有项目，后有队伍”的原则配置研究力量[④]。上海国研院目前下设6个研究所和6个研究中心，分别是：全球治理研究所、外交政策研究所、世界经济研究所、国际战略研究所、比较政治与公共政策研究所、台港澳研究所，美洲研究中心、亚太研究中

---

① 上海国际问题研究院课题组．海纳百川、包容共生的“上海学派”．国际展望，2014（6）：2.

② http://www.siis.org.cn/Content/List/4TXV1A46NT00.

③ 杨洁勉．风雨五十年 辉煌新世纪．国际展望，2010（5）：5.

④ 上海国际问题研究院课题组．海纳百川、包容共生的“上海学派”．国际展望，2014（6）：6.

心、俄罗斯中亚研究中心、西亚非洲研究中心、欧洲研究中心、海洋和极地研究中心[①]。上海国研院目前主办中文刊物《国际展望》和英文刊物 *China Quarterly of International Strategic Studies*。机构现有研究人员和科辅人员编制共 106 人，其中高级研究人员占 60%。

上海国研院在国际关系和外交政策研究方面的对话能力受到中央政府及上海市政府的高度重视。机构在中国特色大国外交、“一带一路”建设、重要国际多边机制（二十国集团、金砖国家、上合组织等）、重要全球治理主题（联合国《2030 年可持续发展议程》等）、上海城市外交等主题方面均享有一定的国际国内话语权。作为二十国集团智库会议（T20）的中方牵头单位，在 2016 年杭州 G20 峰会期间共主办和协办了 10 余场国内外重要会议，并向峰会提交了公开政策报告[②]。在 2017 年德国汉堡 G20 峰会上，上海国研院与德方团队共同发表推动 G20 落实联合国《2030 年可持续发展议程》的政策报告[③]。机构受外交部委托，承担亚洲相互协作与信任措施会议（亚信会议）智库网络的协调任务，机构承办的亚信智库论坛截至 2017 年已举办 6 届，是中国担任亚信主席国的重要创新之一。除了在国际政策议题交流活动方面表现活跃，上海国研院在来访接待活动上也显得十分“忙碌”。仅 2017 年，机构共接待访问团 258 批次，人员 1 412 人次，其中包括多位国家元首和政府首脑。

二、高校智库

高校作为专业知识和专业人才的富集地，具有长期持续的学科资

---

① http://www.siis.org.cn/Content/List/4TXV1ACE5TKZ.

② http://www.siis.org.cn/UploadFiles/file/20170302/20170302134656_20170224_2016国研院年报_中文版.pdf.

③ http://www.siis.org.cn/UploadFiles/file/20180427/ 20180426_国研院2017年报_中文版_单页.pdf.

源及知识积累，高校智库却是近些年发展起来的，属于新兴概念。1964 年，我国在全国高校布点设立了一批实体性国别研究机构，主要服务国家外交政策研究，包括中国人民大学东欧中亚研究所，北京大学亚非研究所，吉林大学日、朝研究室等。这些研究所由国家外事部门和高校共建共管，独立于教学院系，被视为中国高校智库的雏形。

改革开放后，随着政府对专家咨询的逐步重视，政府部门与高校联合共建研究所的实践逐步展开。教育部设立的大部分人文社科重点研究基地已经成长为具有较大影响力的高校智库，例如清华大学国情研究院、北京大学中国经济研究中心、中国人民大学中国经济改革与发展研究院、南开大学 APEC 研究中心等①。21 世纪后，高校智库逐渐发展壮大。2004 年，中共中央发出的《关于进一步繁荣发展哲学社会科学的意见》中强调把哲学社会科学优秀成果运用于各项决策中；2007 年，党的十七大报告中提出："繁荣发展哲学社会科学，推进学科体系、学术观点、科研方法创新，鼓励哲学社会科学界为党和人民事业发挥思想库作用，推动我国哲学社会科学优秀成果和优秀人才走向世界。"2013 年以来，新型高校智库协调整合逐步铺开，高校智库逐步脱离院系、个人单打独斗的局面，校内、校际智库的整合逐渐得以推进②。机构整合的趋势恰恰是对智库知识生产中的汇集融合特征的体现。2014 年，教育部印发《中国特色新型高校智库建设推进计划》，高校智库开始新一轮的发展建设。

相比于半官方智库，高校智库在人才资源可获得性、资金来源稳定性、研究自主性、公共讨论参与度等方面具有优势。本书选择清华

---

① 韩万渠. 中国高校智库的组织变迁、发展困境与对策研究. 高教探索，2016（5）：22.

② 校内智库整合的典例包括：教育部直属高校中的北京大学国家发展研究院、中国人民大学国家发展与战略研究院，地方高校中河南大学成立的中原发展研究院等，均属于校内整合型高校智库；校际整合型智库较为典型的是华中师范大学农村研究院、浙江大学农村发展研究中心和中国社科院农村经济研究所组建的中国农村发展研究院，南京大学等科研院所组建的南海问题研究院等。

大学国情研究院和中国人民大学国家发展与战略研究院作为高校智库的代表案例。

（一）清华大学国情研究院

清华大学国情研究院（简称“清华国情院”）是清华大学公共管理学院管理的政策研究机构，成立于2012年。机构前身是2000年成立的中国科学院-清华大学国情研究中心①，同年清华大学公共管理学院成立，中心正式挂靠学院。机构创始人胡鞍钢院长早在1986年就进入中国科学院国情分析研究小组，开展针对中国发展状况的国情研究②。从1986年的国情分析研究小组到2000年的国情研究中心，到2012年的清华国情院，我们见证了机构走向正规化、建制化的过程，也见证了国家决策咨询环境的变化过程。在中国社科院2015年11月发布的《全球智库评价报告》中，清华国情院居国内智库第7位，居高校智库第1位③。2015年，清华国情院入选首批国家高端智库建设试点单位。清华国情院采取理事会领导下的院长负责制，理事会负责机构重大事宜的决策和协调，清华大学校长邱勇任理事会主任，清华大学党委副书记邓卫及清华国情院院长胡鞍钢任理事会副主任；学术委员会则负责学术目标、任务、方向及社会服务等发展工作，院长胡鞍钢任学术委员会主任。清华国情院在人才队伍建设上既依托清华大学公共管理学院建立，也通过兼职研究员的方式与来自清华大学其他学院以及其他大学的研究人员建立联系。清华国情院定期编辑出版的《国情报告》是机构的品牌成果，根据2015年相关数据，2000年以来，机构编辑出版《国情报告》1 300多期（含正刊、专刊、增刊、特刊及《海外中国研究》），累计字数达到1 000多万，就经济和社会发展中的重大问题向党和国家领导人提

---

① http://www.tsinghua.edu.cn/publish/thunews/9658/2017/20170121102719400488508/20170121102719400488508_.html.

② 胡鞍钢．中国特色新型智库建设及其思想传播：以清华大学国情研究院为例．中国科学院院刊，2016（31）：872.

③ http://www.iccs.tsinghua.edu.cn/AboutSt/jgjj.html.

交专题报告上百份[①]。除了以呈送内参的形式影响决策以外，通过机构专家咨询会议或者撰写报告等直接参与国家五年规划制定也是清华国情院参与决策的主要方式之一。早在“九五”计划制定前后，1994年4月胡鞍钢就撰写了国情报告《欠发达地区发展问题研究》，明确提出“中央政府应当优先解决欠发达地区的发展问题”。同年5月10日，新华社内部摘录了该报告的主要观点，《改革》杂志1994年第3期刊登了报告全文。在随后的“十五”计划到“十三五”规划中，清华国情院以胡鞍钢、王亚华等为代表的一批国情研究专家通过撰写专题报告、参与专家咨询会议、承接部委课题、承担规划评估工作等方式贡献专家观点。

清华国情院及其院长胡鞍钢拥有较长时间的参与决策咨询的经验。机构在对政府决策机制、政府与智库关系等问题的理解上比一般的、欠缺政府资源的高校智库要清晰，但清华国情院更多的优势在于对中国国情的持续研究和深刻把握，能够全面剖析中国发展的阶段性问题、给出适时可行的解决方案，能够进行价值中立、科学严谨的论证工作。清华国情院被邀请作为第三方评估机构对“十五”计划的实施效果进行独立评估，根据党的十八大提出的要求，清华国情院研究和设计了“十三五”时期经济社会发展的29项指标，其中有18项与“十三五”规划目标一致；在这部分指标测算中，有超过一半的数据与“十三五”规划的预期数据吻合[②]。

（二）中国人民大学国家发展与战略研究院

中国人民大学国家发展与战略研究院（简称“人大国发院”）是中国人民大学下属的校级研究机构，成立于2013年。中国人民大学有长时间资政建言的历史传统，从早期成立的中国人民大学东欧中亚

---

① 胡鞍钢．中国特色新型智库建设及其思想传播：以清华大学国情研究院为例．中国科学院院刊，2016（31）：875.

② 胡鞍钢，姜佳莹，鄢一龙．国家五年规划决策中的智库角色研究：以清华大学国情研究院参与国家五年规划编制为例．经济社会体制比较，2016（6）：69.

研究所到改革开放时期成立的 13 个教育部人文社科重点研究基地，再到“2011 计划”（高等学校创新能力提升计划）人大主导成立的协同创新中心，都在一定程度上为人大国发院的发展奠定了社科研究基础。通过建立人大国发院这一校级机构，中国人民大学完成了对校内分散的、多学科的、存在交流壁垒的知识结构的整合贯通。人大国发院以先前成立的 13 个教育部人文社科重点研究基地为基础；同时吸收了来自中国人民大学重阳金融研究院的人才资源，确定了经济治理与经济发展、政治治理与法治建设、社会治理与社会创新①三大核心研究领域。2015 年，机构入选 25 家首批国家高端智库建设试点单位。现任院长为中国人民大学校长刘伟。

人大国发院采用理事会领导下的院长负责制，理事会理事长为中国人民大学党委书记靳诺，学术委员会和院委会分别指导监督院内的学术和行政活动。机构突出研究团队的单元设置，聚焦“经济治理与经济发展”“政治治理与法治建设”“社会治理与社会创新”三个核心领域，整合中国人民大学内部的研究力量，构建了“具有人大特色的十大核心团队”②。

人大国发院是对中国人民大学既有政策研究和学科能力的整合，其定位更偏向于整合力量、汇集成果、促进交流的开放式平台。由于本身的学术优势和逐步搭建起的渠道体系，人大国发院在服务中央决策方面取得了一系列成果：据 2015 年数据统计，人大国发院已经向党和国家报送各类决策咨询成果共计 251 项，向中央领导报送《问题与思路》98 期，向中办和国办直报点呈送材料 114 份，入选国家社科基金《成果要报》24 份；其中，13 份获得总书记批示，17 份获得总理批示，57 份获得其他党和国家领导人批示，近 80 份成果和建议被中央办公厅、国务院办公厅、中宣部、发改委、外交部等省部级以上部门采纳，相当一批研究成果直接转化为政府

---

① http://nads.ruc.edu.cn/more2.php?cid=373.

② http://news.ruc.edu.cn/archives/120252.

重大决策[①]。很多人大国发院资深专家受聘为诸如中共中央政研室、国务院研究室等中央机构的顾问，或政治局集体学习授课讲师，这为专家直接与中央决策层交流观点创造了条件。2015 年数据显示，机构专家约参与政治局授课 2 次，总理专家座谈会 6 次，中办经济形势座谈会、国务院研究室会议、中宣部座谈会、发改委咨询会等中央和各部委的决策咨询会议约 90 次[②]。

除了服务中央决策以外，人大国发院也推行了开展地方政府咨询业务和扩大公众影响力的举措。2018 年 1 月，人大国发院与青岛市政府达成合作意向，建立人大国发院青岛分院[③]，这也成为人大国发院与地方政府搭建稳定合作关系、建立地方观测点的尝试之一。人大国发院推出“十大智库产品体系”，以多元化的内容和传播方式助推机构知识产品的传播。据统计，2015 年以来，人大国发院产出内参成果和各类智库产品达 300 余项[④]。在人才队伍和产品层次多元的背后，是中国人民大学内部各个研究机构或单元的整合，其中包括中国人民大学重阳金融研究院这样的独立机构也“整编”并入，这使得人大国发院必须重视机构层面对研究队伍的有序管理。

三、社会智库

在本书中，企业智库和民办非企业智库都属社会（或称非政府）智库。其实关于社会智库的定义本身也有很多争议，其中一些与社会智库的现实发展路径有关。在国内政治体制下，受限于政府资源、资金筹集等现实问题，社会智库要完全“独立”几乎是不可能的。有些社会智库在成立初期依赖官方资源，甚至就是事业单位；有些社会智库是在民政部注册的公益基金会的基础上组建而成的；有些社会智库

①② 冯严超．谈中国人民大学智库建设的成功经验．经济，2016（1）：234．

③ http://www.sohu.com/a/214557314_345245.

④ http://edu.qq.com/a/20161017/044206.htm.

则先依附于高校，后独立出来；甚至有些社会智库兼具政策咨询与商业咨询的双重身份。但是，这些很难说不是智库为谋求可持续和独立性做出的探索和努力。

中国社会智库是改革开放后逐步产生的。在其漫长艰难的发展过程中，有三个重要的时间阶段：第一阶段是改革开放到 20 世纪 80 年代末。改革开放这一涉及国家经济和社会发展的重要举措需要活跃创新的思想贡献，体制内的研究机构在这方面显示出局限性。最初的社会智库恰恰是在政府的支持下建立的。1986 年，中共中央政治局委员、国务院副总理万里做了题为《决策民主化和科学化是政治体制改革的一个重要课题》的讲话，随后几年，北京社会经济科学研究所（1986 年成立）、华夏研究院（1987 年成立）、燕京社会科学研究所（1987 年成立）、北京四通社会发展研究所（1988 年成立）等政策研究机构陆续出现[①]。第二阶段是 1990 年后，特别是邓小平南方谈话后，国内开始出现真正意义上的社会智库，包括中国（深圳）综合开发研究院、中国（海南）改革发展研究院和中国战略与管理研究会等。虽然这些机构仍是由政府授意或者协助成立的，但是在逐步发展中逐渐具有了更强的独立性。除此之外，由于市场经济的活跃，一些商业集团赞助的研究机构也开始成长起来，另外也有完全由社会捐赠的政策咨询机构出现。第三阶段开始于 2008 年全球金融危机前后。2008 年，由于主流研究机构对于经济危机的集体判断失误，政府又一次认识到建设高水平智库的重要性。为了促进多元知识融合和拓宽国际视野，中国国际经济交流中心这一具有雄厚官方背景的社会智库建立。以此为标志，社会智库开始聚焦智库作为外交“第二轨道”的特殊职能，开拓新的研究方向。同时，活跃的资本市场也促进了社会智库无论从研究领域、资金来源，还是运作方式都走向多元。其中代表性的社会智库包括中国经济 50 人论坛、中国金融四十人论坛等。2017 年，中共中央办公厅、国务院办公厅发布《关于社会智库健康

① 唐磊. 中国民间智库 30 年的初步考察. 中国社会科学评价，2016（4）：103-104.

发展的若干意见》，鼓励社会智库拓宽筹款渠道、规范业务活动、参与国际交流。

从上述社会智库的发展历程中，我们可以看出中国缺乏官方支持的社会智库在发展中确实存在困难。社会智库面临经费压力，一方面需要通过咨询业务或者设立基金等方式拓宽经费来源，另一方面需要保持研究队伍和机构建制的精干。本节以中国（深圳）综合开发研究院、全球化智库、中国金融四十人论坛、盘古智库为案例，分析社会智库的运作情况。

（一）中国（深圳）综合开发研究院

综合开发研究院成立于 1989 年，是 2015 年入选首批国家高端智库建设试点单位的两家社会智库之一。在改革开放初期急需“市场化运作的相对独立研究资讯机构”的背景下①，综合开发研究院受中央与地方政府共同支持而成立。政府在成立机构之初，希望它能够跳出现有体制，以一种市场化、开放式的方式为政策决策服务。但由于非官方机构在那个时代在体制管理和支撑运作上存在非常大的困难，两年以后，综合开发研究院向中央申请改制为业务归国务院研究室指导、党政关系属地化管理的深圳市局级事业单位，深圳市政府为机构提供了部分人员的事业单位编制及差额经费保障。目前，财政部原部长项怀诚任综合开发研究院理事长，著名经济学家樊纲任院长兼首席专家，郭万达任常务副院长②。

综合开发研究院虽然名义上是国有的，但是在运作机制上呈现出明显的社会智库属性，是我国较典型的“国有民办”型社会智库。在人事制度上，除了个别人员有事业编制外，其他管理人员及研究人员都是机构自主聘任的；在经费来源上，虽然深圳市政府为机构提供了“定向财政补贴”，但根据 2014 年的统计数据来看，随着机构市场营

---

① 朱旭峰. 中国思想库：政策过程中的影响力研究. 北京：清华大学出版社，2009：172-173.

② http://www.cdi.com.cn/category.aspx?NodeID=7.

收不断上升，近年来政府补贴占机构总收入的比例逐年缩小至20%①；在治理模式上，机构采用理事会领导下的院长负责制，深圳市政府对机构决策不做任何干预。

综合开发研究院在决策咨询中，注重以深圳市的发展问题为重点。表3-1给出了机构2006—2015年所做政府项目分类统计，从表中来看，2008年以后，机构承接的政府咨询项目稳定在50项/年以上。其中来自深圳市政府的咨询项目占比通常超过50%，但其也辐射了全国及其他地区层面的咨询需求。虽然承接深圳市政府和其他地方政府需求仍是综合开发研究院的“主业”，但随着机构成为首批国家高端智库建设试点单位之一，服务国家战略宏观规划的职能开始提上机构日程。机构也开始通过和诸如美国经济战略研究所、澳大利亚维多利亚大学等国外政策咨询机构或学术机构开展合作交流，以强化国际影响。为了能够强化机构的研究能力和进行前瞻式研究，综合开发研究院通过机构管理的深圳市综研软科学发展基金会和马洪基金会，自主选择培育课题项目及科研人才。

表3-1 综合开发研究院2006—2015年所做政府项目分类统计

（单位：项/年）

	总数	深圳	广东其他地区	全国其他地方	全国性质
2006年	36	29	2	5	0
2007年	33	23	2	6	2
2008年	53	38	5	10	0
2009年	71	35	20	13	3
2010年	77	48	10	17	2
2011年	53	35	8	10	0
2012年	52	35	4	12	1
2013年	—	—	—	—	—
2014年	—	—	—	—	—
2015年	65	38	12	15	0

资料来源：http://www.cdi.com.cn/Project.aspx? pid=4352&NodeID=57.

① http://www.cdi.com.cn/detail.aspx? cid=3922.

综合开发研究院初期成长是非常困难的：开放式的模式导致运作管理混乱，资金来源不稳定导致人才流失，马洪、李灏、蒋一苇、林凌等早期创始人经历了艰苦摸索使机构存续。但不得不承认，当时深圳市政府对决策咨询科学化的强烈诉求是综合开发研究院得以发展的重要前提。深圳市走在国家改革开放的前列，提出的一系列发展问题对其他地区乃至全国都有借鉴意义，这也是综合发展研究院得以扩大地区影响力的一个原因。

（二）全球化智库

全球化智库（Center for China and Globalization，CCG）2008年以“中国与全球化研究中心”的身份成立，总部位于北京。如今，CCG已经成长为一家由北京东宇全球化人才发展基金会注册的民办非企业社会组织，是由中国国际人才专业委员会（民政部批准成立）、中国人才50人论坛、南方国际人才研究院和北方国际人才研究院4个机构组建而成的智库联合体①。目前，CCG在广州、青岛、深圳（东莞）均建立了研究院，在上海设立了办事机构，并在华盛顿、纽约、巴黎等7地设海外代表②。在《全球智库报告2017》中，CCG居全球智库排行榜第92位，是中国唯一一个进入全球智库百强榜单的社会智库。

CCG设有咨询委员会和学术专家委员会。其中咨询委员会发挥了类似智库理事会的职能，但相较一般的理事会而言，CCG的咨询委员会具有更强的开放性和流动性。咨询委员会包括主席、副主席、理事长等在内的理事成员，对于被邀请的理事成员，需要在行业内有一定影响力；机构也允许专家学者自荐成为理事。申请加入的理事成员有权参与CCG的各项业务活动，但也需要通过缴纳会费、资助项目等方式支持机构发展。机构现任主席是龙永图，理事长兼主任是王

① http://www.ccg.org.cn/About/Intro.aspx? Vid=62.

② http://www.ccg.org.cn/About/.

辉耀。机构拥有规模庞大的学术专家委员会，包括新加坡国立大学郑永年、国家行政学院薄贵利、北大国际关系学院查道炯等在内的 75 名专家学者。同时还拥有 16 名国际专家组成的国际专家委员会，目前机构下设 5 个研究部以及 2 个国际人才研究院①。机构目前拥有专职智库研究专业人员近百人。

CCG 在社会智库中的政策影响力比较突出。在服务政府决策方面，CCG 通过承接国家课题和呈送内参的方式影响和协助政府决策，机构每周向中央和有关部门报送专报一期。机构曾经参与推动出台的政策包括“中国留学回国人员回国创业启动支持计划”“国家千人计划”“中国绿卡制度完善”“中国人才签证”“中美十年往返签证”“扩大国际来华留学”以及公安部和北京市政府“中关村国际人才新政 20 条”等②。2016 年 CCG《关于成立国家移民局的建议》获得习近平、李克强、张高丽、栗战书、王沪宁、徐绍史等领导同志的批示③。同时在国际移民、海归人才、企业全球化等核心研究领域，机构拥有比较频繁的成果产出和会议活动。2012 年起，CCG 开始发布《国际人才蓝皮书》丛书，在中国国际人力资源研究方面抢占了先机，同时，主任王辉耀博士也担任了《国际人才蓝皮书》丛书的主编。在会议活动方面，CCG 表现得比较活跃，机构每年度策划组织涉及留学、海归、移民、国际人才、中国企业全球化、中国教育国际化等领域的国内外主题高峰论坛和欧美同学会北京论坛暨中国留学人员创新创业论坛等品牌论坛④。CCG 的媒体曝光率也比较高，其举办的各类会议活动经常会在国内外主流媒体上被规模性报道转载，机构还曾参与过相关纪录片的制作。

CCG 是目前社会智库中规范运营的典例。除了规模可观的海内外专家人才网络、高度开放的管理机制、实力均衡的研究和宣发能

① http://www.ccg.org.cn/About/Intro.aspx?Vid=31.

② http://politics.people.com.cn/n/2014/0122/c70731-24198621.html.

③ http://finance.huanqiu.com/roll/2017-05/10605453.html.

④ http://www.ccg.org.cn/Research/.

力，CCG 选择了一个非常“恰当”的优势研究领域，不仅与机构资源紧密相连，同时也积极回应了国家治理的现实需求。

（三）中国金融四十人论坛

中国金融四十人论坛（简称“金融四十人论坛”，又称“CF40”）成立于 2008 年 4 月，由北京四十人论坛顾问有限公司管理。金融四十人论坛最早源于《21 世纪经济报道》记者王海明 2003 年主持的“北京圆桌”经济研讨会，王海明现任金融四十人论坛秘书长。随着“北京圆桌”经济研讨会规模及规格的不断升级，在 2008 年全球金融危机的背景下，2008 年 4 月时任交通银行董事长的蒋超良，联合金融界胡晓炼、谢平、易纲，学术界林毅夫、钱颖一等人正式建立了这个旨在“夯实中国金融学术基础，探究金融界前沿课题，推动中国金融业改革实践”的非官方、非营利性金融学术研究组织[①]。金融四十人论坛的会议组织的机构形式看似有别于本书实体机构智库的定义，但其在实际运作中却体现出现代智库的诸多特征。

首先，金融四十人论坛有正式成员 40 名，均为 40 岁左右的金融从业人员。论坛设学术委员会、常务理事会、秘书处以及监事会，由学术委员会讨论决定论坛成员的研究小组划分，学术委员会每年对论坛成员匿名评审决定其去留。金融四十人论坛学术顾问现由中国人民银行副行长陈雨露、中国进出口银行董事长胡晓炼、北京大学国家发展研究院教授林毅夫、国务院发展研究中心资深研究员吴敬琏等担任；论坛常务理事会主席现由第十二届全国政协副主席陈元担任；论坛学术委员会主席现由北京大学国家发展研究院副院长黄益平担任。

其次，金融四十人论坛具有高频、稳定的内部交流活动和成果产出机制。论坛每年开展课题研究 30 余个；论坛主要日常活动——CF40 双周圆桌内部会以内部学术研讨会的形式对宏观经济和金融领

① http://www.ccer21cbh.com/plus/view.php?aid=5709.

域的热点问题进行深入讨论，两周一期；论坛成员通过季度数据统计，编写“季度宏观政策报告”并召开报告论证会。2016 年起，报告撰写工作由 CF40 高级研究员张斌牵头的“宏观经济医生”研究系列报告项目组负责，2009 年开始，报告论证会已成为机构品牌项目之一。金融四十人论坛产出的非公开成果包括“CF40 月报”和专供领导人参考的“CF40 要报”，公开成果则主要体现为“研究周报”“季度报告”“课题报告”3 种形式。

最后，金融四十人论坛在不断发展过程中积极推进实体机构建设。论坛于 2011 年 7 月在上海成立了上海新金融研究院，于 2016 年在青岛成立了四十人基金会、四十人研究院，于 2016 年 3 月在天津成立了北方新金融研究院，同时与国家开发银行、清华大学、丝路基金、中国开发性金融促进会共同发起成立了丝路规划研究中心。上海新金融研究院于 2015 年 10 月发起成立了“北京大学数字金融研究中心”，并于 2016 年发起成立了上海浦山新金融发展基金会①。

金融四十人论坛在决策咨询方面的工作也在与国外知名智库的长期交流合作中得到验证。论坛已连续 6 年与美国彼得森国际经济研究所（PIIE）联合举办中美经济学家学术交流系列活动，在与 PIIE 合作的基础上，论坛还与欧洲 50 人论坛（EURO 50 Group）、野村综合研究所（NRI）、布鲁金斯学会、保尔森基金会（Paulson Institute）等国际知名智库开展学术交流活动与合作②。

（四）盘古智库

盘古智库成立于 2013 年，注册为具有独立法人资格的企业单位，机构发起人兼主任为城镇化研究专家易鹏，总部位于北京香山③。盘古智库是发展比较快的社会智库之一，目前已经拥有专职研究人员 50 余人，分别在国际关系领域、宏观经济领域和创新创业领域开展

①② http://www.cf40.org.cn/plus/list.php? tid=317.

③ http://www.pangoal.cn/about.php? id=25.

研究活动。在《全球智库报告 2016》中，盘古智库被评为亚洲最佳智库之一。机构目前是金砖国家智库中方理事会成员和“一带一路”智库合作联盟理事单位。

盘古智库建立了理事会制度。理事会下设顾问委员会和学术委员会。顾问委员会网罗了国内外政商军界知名人士，共有委员 30 人；学术委员会委员则主要为学术界专家，从最初的 20 余人发展到现在的近 200 人。机构目前设有 13 个研究中心，集中在国际关系研究、宏观经济研究和创新创业研究 3 个领域①。

盘古智库在成立初期也面临社会智库难以回避的问题——筹资难。理事长易鹏贡献了盘古智库的第一笔资金。随后，易鹏请来了 20 多位专家担任学术委员，“众筹”发起这个机构②。在机构建立以后，企业捐赠的资金仍比较缺乏。盘古智库的思路是要启发产业界，让它们意识到智库的产品对自身的价值。盘古智库相应地部署创新创业研究板块、在进行国际关系研究时考虑跨国企业的发展需求等，慢慢地扩宽了产业界对机构的兴趣。随着机构在国内外影响力的不断扩大，社会捐赠也在增多。

盘古智库在承担“二轨外交”职能方面表现非常突出。2016 年，盘古智库的智库论坛迎来了时任美国常务副国务卿内罗福特和其率领的贸易代表团的访问，国内外重要专家也有出席，前北约秘书长索拉纳也曾来盘古智库考察。另外，盘古智库学者对外交流很频繁，经常接待来自国外的访问团体③。

---

① http://www.pangoal.cn/about.php?id=25.

② http://www.China.com.cn/opinion/think/node_7241966.htm.

③ http://www.pangoal.cn/news_x.php?id=3674&pid=8.

Reform and Opening-up and Contemporary Think Tanks in China

第 4 章

智库运行体系中的新主体

4 智库运行体系中的新主体

一、“小”智库带动“大”网络

“小智库，大网络”的模式是以竞争有序的政策分析市场和发展良好的参与机构为基础的。我国智库经过改革开放以来的发展，2015年以来形成建设“中国特色新型智库”的战略目标后，学术共同体、研究基金和新闻媒体正积极参与到智库“大网络”的建设中来。随着合作的深入，机构间的边界模糊趋势不可避免。

智库的运行体系是一个紧密联系又分工合作的系统。作为思想观点、政策方案供给方的智库，为作为需求方的政府提供决策咨询。学术共同体、研究基金、新闻媒体分别以不同的形式与智库发生关联，构成完整的智库运行体系（见图 4－1）。

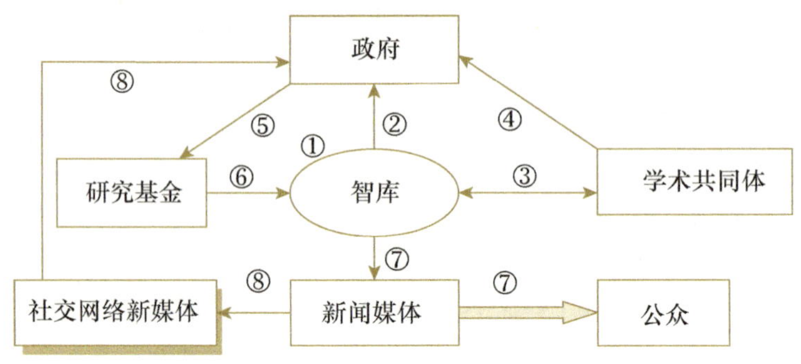

图 4－1　智库运行体系结构示意图

智库运行体系中各主体间的关系表现为：政府需求推动下，智库与其他组织机构围绕影响政策过程而发生的彼此关联。如图所示：①表示智库的政策研究；②表示智库为政府提供决策咨询的智力支持；③表示学术共同体与智库的人才交流机制（人才库与“旋转门”）；④表示学术共同体向政府直接提供的决策咨询活动；⑤表示政府对政策研究基金的资助和政策扶持；⑥表示公益性政策研究基金向智库提供资助；⑦表示智库通过新闻媒体向公众输出政策观点；⑧表示政府通过社交网络新媒体了解社会舆论，采集舆论信息。

智库运行体系的五大主体包括：政府、智库、研究基金、学术共同体、新闻媒体。政府在智库运行体系中处于思想产品需求者的地位，智库处于思想产品提供者的地位，而研究基金则提供了智库赖以生存的资金支持。有时候政府既是思想产品的需求者，也是研究基金的提供者。在政府咨询课题中，决策者将研究任务委托给智库专家，同时拨付咨询研究的经费。但在更多的情况下，政府与研究基金是相互分离的。政府接受各类决策咨询报告，但并不直接支付给咨询报告提交机构研究经费；研究基金提供了各类智库开展决策咨询研究所需的经费，但一般不直接应用智库的政策思想。学术共同体为智库输入政策研究人才，也为智库的政策研究提供基础研究层面的新思想、新方法。新闻媒体对于智库发展的作用更多地体现在为智库的政策研究成果提供影响社会大众的平台，但同时新闻媒体对智库研究成果的报道也是对智库研究的一种社会舆论监督。

从上述表述可以看出，虽然最初研究基金、学术共同体、新闻媒体是作为“资金流”“知识流”“信息流”的载体参与到智库与政府的思想产品供需关系中，但智库作为复杂资源汇集的中心，也会将上述资源输出到各个参与方中，以完成资源的流转，而这种资源流转是不定向的。随着资源交互的深入进行，智库与其他参与方间的关系越加紧密，其他参与方也会逐渐显现出智库的功能。为了能够突出智库的职能活动，我们在此仅考虑其他机构与智库直接交流形成的边界组织。具体到上述模型，即智库与学术共同体、研究基金和新闻媒体在交互过程中形成的智库新形式。接下来将详述三个方面的理论及实践，这会为我们充分理解目前正在涌现出的新型智库提供帮助。

二、学术共同体

智库是连接“政策”和“知识”的桥梁，这其中暗含了一个信息：政策决策者和政策研究者之间存在“知识不对称”，阻碍了“政策”与“知识”间的直接交流。一般来说，政策变迁的知识复杂性越高，意味着决策者对这项政策变迁所需的专业知识越缺乏，也就越需要专家发挥参谋作用。但这里存在的问题是：决策者在缺乏专业知识的情形下，如何对智库及其成果的可信度进行评价？学术共同体参与智库活动的重要价值即在于此。

（一）学术共同体在智库活动中的作用

库恩（Thomas Samuel Kuhn）在《科学革命的结构》等著作中对科学共同体（scientific community）的概念进行过详细阐述[①]。库恩是在自然科学范围内谈论科学共同体的，今天所说的学术共同体是包括了人文社会科学的，但是库恩的有关论述仍然值得重视，因为他对于科学共同体的看法同样适用于学术共同体，二者不必做出明确区分[②]。

根据库恩对科学共同体的阐述，学术共同体（academic community）是产生科学知识的科学家集团。但是这种科学家集团需要具有以下特征：(1) 非名义上的。这个特征就是说学术共同体并不一定属于同一个机构、同一个研究团队，而是需要针对共同关心的实际问题，有经常性的交流活动，有实质性的研究合作。(2) 跨学科的。由于学术共同体因为解决实际问题而产生，现实问题的复杂多面性使得学术共同体很容易呈现出跨学科、多元学科的特征。(3) 共同的研究范式，这里的范式是指信念、方法、价值标准等。这个特征使学术共同体在具体专业问题方面的判断能够趋于一致。

从上述对学术共同体的定义及特征总结上看，智库的学术共同体并不是一批特定的学者专家的组合，而是针对智库建设或者运作中的实际问题的、经常产生学术交流的、具有共同价值认同的多元学科专

---

① 库恩. 科学革命的结构. 金吾伦，胡新和，译. 北京：北京大学出版社，2004.

② 梁庆寅，郑振满，陈春声，等. 学术共同体. 开放时代，2016 (4)：11.

家的若干集合。显然，现代智库矩阵式的管理模式有利于学术共同体的互相甄别、交流和合作。

学术共同体参与智库活动的贡献在于两个方面：一是直接参与智库知识生产，贡献知识；二是对智库知识产品或者智库本身做出同行评审。

学术共同体的成长与智库知识生产之间是相互促进的关系。一方面，许多机构已经开始建设流动性和开放性强的智库学者网络，这可以看作智库为了给分散的学术共同体提供更开放的交流环境所做出的制度努力。在机构层面通过设立学术委员会，聘用客座研究员、访问学者，建立与其他智库的合作关系，举行学术讨论会议等途径提升学术共同体参与机构知识生产的机会，促进机构内外的知识流动。另一方面，在智库知识生产的过程中，因同一个问题被联系起来的学者也可能产生新的学术共同体，从而使学术共同体可以得到进一步的确认、巩固和扩展。

学术共同体更重要的作用在于对智库知识产品或智库本身乃至整体行业发挥的监督评价作用。需要承认，同行评审是长久存在于学术共同体中的“黄金准则”。这种通过内行评价知识产出和管理学术的制度，是被普遍承认的防止外部权力不恰当介入而干预学术活动、扭曲知识价值认知的方法。虽然同行评审制度在实施中暂时无法克服熟人偏好、阻碍创新等弊端，但它仍是目前解决政策决策者与政策研究者间专业知识不对称的重要参照。而且这种参照在国家日益开放政策分析市场、多元竞争的情况下，显现出更大的客观性和公平性。

这种针对智库或智库产品的同行评审活动的开展，根据学术共同体关注的问题不同，有以下两种形式：（1）针对具体智库知识产品的同行评审。就是说学术共同体关注的问题是智库提供观点的领域，比如社会治理、国际关系的细分领域等，表现为政策研究者间观点的交流和思想的批判。这种同行评审活动会进一步促进智库行业中思想市场的多元化和丰富性，使得针对同一项议题的不同声音能够相互倾听。另外，学者对知识产品的推荐也是此类同行评审的一种特殊表现形式。通过私人关系推广智库知识产品时，我们会倾向于默认这个产品是得到过推荐人的评价和认同的。(2) 针对智库机构或者智库行业的同行评审。就是说学术共同体关注的问题是智库的运作和发展问题，表现为对智库影响力或者智库整体行业影响力的评价排名。

针对智库影响力的排名近几年层出不穷，虽然当前的智库评价排名体系仍存在着各种各样的争议，但我们不能否定智库评价排名体系的社会贡献。首先，智库评价排名被媒体广泛报道，能够促使全社会，包括政府决策者和公民普遍熟知并接受智库这类新兴社会组织。其次，智库评价排名逐渐形成了一些相对公认的价值共识，如追求影响力、保持独立性、提高研究质量，这些价值共识促进了智库行业规范和行为准则的建立。再次，智库评价排名的兴起促进了智库之间的竞争，智库的资金资助机构也能够参考智库排名来评估资助资金的使用效率，并最终提高决策者对智库的鉴别能力。最后，智库评价排名报告本身也是一类智库研究产品，多套智库评价体系共存能促进智库评价排名报告之间的质量竞争，推动智库科学评价体系和智库理论研究的发展。

对于提出了智库评价排名的学术共同体来说，智库评价排名报告能够迅速提升报告编制机构的地位和影响力，这是因为智库评价排名体系总是能够赢得关注和欢迎。一方面，每家智库都希望获得更高的排名，那些名列前茅的智库热衷于在社交媒体和网络上宣传自己的领先地位。美国布鲁金斯学会起初对宾夕法尼亚大学《全球智库报告》不屑一顾，但在该报告中多年排名为“美国第一智库”后，他们已把这个成绩挂在了网站的显著位置。另一方面，公众的眼球总是更容易被简明扼要的排名所吸引，因而每次智库评价排名的发布总是能吸引大量媒体的跟踪报道。这种高曝光率也让编制智库评价排名报告的研究机构（它们本身也是智库）获得了与众不同的话语权和社会影响力。因此，像《全球智库报告》这样的智库评价排名的影响力越来越大，目前已经发展到在全球 80 多个地区同步发布的规模。

（二）智库研究的学术共同体的兴起

智库研究的学术共同体是由专门研究智库问题的研究机构组成的集合体，智库研究的学术共同体承担着智库行业的评价、管理、监督等职能，其特殊之处在于：（1）针对智库机构或者智库行业的评价是所有智库的研究人员均有发言权的。这与针对其他政策研究领域的学术共同体有很大差别。（2）智库机构评价作为一类知识产品，虽有其特殊性，但它又脱离不了政策分析市场这一大环境，需要通过提升质量、突出特色参与多元评价排名体系的竞争。

近年来，智库评价排名体系一直在进步和完善。首度推出就饱受争议的宾夕法尼亚大学《全球智库报告》通过不断细化排名子系统、扩大专家库规模、增加提名评审轮次来提高报告质量。上海社科院在借鉴《全球智库报告》的基础上，结合中国特色推出了《中国智库报告》，并在 2015 年度的报告中根据《国家高端智库建设试点工作方案》更新了自己的智库名录。中国社科院在其发布的《全球智库评价报告》中特意没有列入自己，以体现评价排名的公正客观。零点国际发展研究院的《2014 中国智库影响力报告》和四川省社会科学院、中国科学院成都文献情报中心发布的《中华智库影响力报告（2014）》分别从丰富影响力概念内涵、客观测量可观测指标、吸纳港澳台智库成员等方面做文章，形成了自己具有特色的评价报告。清华大学公共管理学院团队推出了《中国智库大数据报告（2016）》，提供了大数据时代记录智库行为和评价其社会影响力的独特视角。

除了作为机构产品产出的智库评价报告以外，一些专门研究智库发展的政策分析机构（“智库的智库”）也开始出现。这些机构在职能上是为政府制定智库发展政策或者为智库机构提供咨询，但是其作用又可以超脱机构本身起到对行业的指导、监督和引领作用。因此，这样一类机构也起到了学术共同体同行评审的作用，这些机构有的是单独的智库，有的则是一类智库形成的网络联盟型组织。

（三）做“智库的智库”：上海社科院智库研究中心

上海社科院智库研究中心（简称“智库研究中心”）直属上海社科院，成立于 2009 年，是全国第一家专门开展智库研究的学术机构[①]。智库研究中心在智库评价方面的领先优势很大程度上得益于上海社科院对机构属性的前瞻性定位。智库研究中心配备的专家团队包括上海社科院院长张道根、上海社科院党委书记于信汇在内的社科院管理层。

智库研究中心在机构成立早期，也受到了学术共同体的支持和帮助。2011 年起，智库研究中心与美国宾夕法尼亚大学詹姆斯·G. 麦甘教授建立合作交流关系，机构成员作为专家被邀请参与詹姆斯·G. 麦甘主持的《全球智库报告》评选工作[②]。经过两年多的学习，2013 年，机构开始研究针对中国政策咨询机构的评价体系，从 2014 年开始发布《中国智库报告——影响力排名和政策建议》，现已持续 5 年，这是国内较早开启智库评价的系列成果。这种“先声夺人”的做法事实上为智库研究中心在智库机构及智库行业评价上确立话语权和权威。目前，《中国智库报告》项目组已同中国国际经济交流中心、《光明日报》、新浪智库、《东方早报》、澎湃新闻等国内主要智库和媒体建立了深度合作机制，每年的成果发布都会引起国内外智库界和决策部门的广泛关注[③]。

2015 年，在国家确定了上海社科院“中国特色新型智库”的建设目标后，上海社科院做出进一步做好做实智库研究中心的决定，明确机构职能定位是“智库研究”与“智库产品转化”两个核心内容，具体工作要求是“中国智库排名研究、国内外重要智库研究动态跟踪、《上海新智库专报》、新智库论坛、国内外智库合作交流与调研工

---

① http://www.pjzgzk.org.cn/list1/21.htm.

② http://www.sass.stc.sh.cn/detailAction.do?method=ShowMessage.

③ http://www.pjzgzk.org.cn/list1/11.htm.

作”等[1]。至此，智库研究中心全面开启了对智库发展态势的监测、评估工作。

目前机构负责的另一项核心工作是编撰内参《上海新智库专报》，上海社科院入选国家首批国家高端智库建设试点单位后，这一刊物成了上海社科院智库成果转化的平台和载体，直接报中央和上海市政府有关领导参考。

作为评价机构的智库研究中心的业务活动突出了观测智库活动、发布评价报告的重点。但评价的权威性不全来自智库报告本身。上海社科院的战略定位和发展情况以及《全球智库报告》的名声在外，均为智库研究中心的评审价值加分。

三、研究基金

（一）研究基金推动智库发展的作用

研究基金是指为激励、保证研究活动开展而设立的资金。智库具有较强的非营利属性，提供的知识产品带有准公共物品的性质，也正是这一特殊属性使得资金来源是智库维持稳定发展难以回避的问题。

国内的半官方智库在一定程度上依赖于政府的财政拨款。对于建设开放性强、自主性高的现代智库来说，高度依赖单一的政府财政拨款并不是长久之计。这不仅会让外界对研究的客观独立性产生怀疑，同时也会在一定程度上阻碍机构在用人制度、激励制度等方面的随机调整。对于高校智库和社会智库来说，官方或者社会基金的资助是其多元资金来源的重要组成部分，有条件的机构还通过自设机构基金以培植机构内部的研究实力和创新观点。

目前，国内有代表性的官方研究基金包括国家自然科学基金、国

---

① http://www.sass.stc.sh.cn/detailAction.do? method=ShowMessage.

家社会科学基金；民间研究基金包括前文提到的综合开发研究院的马洪基金会、国务院发展研究中心成立的中国发展研究基金会，还有非公募基金会，如修远基金会和中信改革发展研究基金会等。

研究基金对于智库的最大作用在于它是一笔“非委托项目”的资金来源。不同于承接咨询课题等业务活动带来的定向委托资金，研究基金的投入一般没有具体的服务诉求。这种独特的性质使得研究基金似乎能够最大限度地保护智库运作的自主性和观点形成的客观性，不受利益因素的驱使。研究基金属于决策咨询体系中的资金集散地，由研究基金所组成的资助网络保证了智库的研究经费来源①。从这个意义上讲，研究基金支持智库建设的首要功能就是为其政策研究提供资助。但由于体制因素及社会捐赠文化的种种差异，占中国智库相当比例的半官方智库依靠政府提供稳定的资金支持，这确实与西方通过社会（高校、基金会、企业、个人等）捐赠、项目委托、收缴会费、活动营收等多种方式获取资金有着很大不同，这也导致国外学者常常质疑中国智库的研究自主性。

但随着智库的国际化发展和研究的深入，将资金来源多元性作为保障智库独立性的根本途径的认知也面临着挑战。西方坚持以脱离政府的多元化资金保证智库独立性固然有其积极作用，但是在具体实施中也会面临很多问题。这里面不仅仅包括社会资金的不稳定性和基金运营本身的风险性，而且还有名义上“非指向性”的捐赠仍然可能带有某种“指向性”的隐性诉求。

因此《关于加强中国特色新型智库建设的意见》中明确提出，“各级政府要研究制定和落实支持智库发展的财政、金融政策，探索建立多元化、多渠道、多层次的投入体系”。这里有两个要点：第一，智库的资金支持体系仍由政府主导制定。第二，智库资金来源强调多元性。也就是在保证政府对其基本的资金支持上，会鼓励多元、多层

---

① MCGANN J. The competition for dollars，scholars and influence in the public policy research industry. New York：University Press of American，1995.

资金的参与。因此本书认为，官方基金仍是研究基金中发挥作用的重要形式，但是同时社会基金，特别是智库内部设立的基金也会有所成长。

（二）研究基金延伸出的智库职能

由于官方基金由政府支持，官方基金对智库来说不仅意味着稳定的资金来源，能够申请到官方基金在很大程度上也意味着政府对智库知识成果的认可。在成果统计和对外宣传时，智库承接的官方基金项目也是重要的量化指标。因为官方基金的这种特殊性，基金项目的设立、评定和管理一方面可以成为掌握机构研究能力和运行情况的重要信息渠道，另一方面可以对智库间竞争和运作起到引导和规制作用，使得研究基金，特别是大型官方研究基金，会延伸出一些智库职能。

研究基金通过课题指南设置政策和学术议程。课题指南一部分来自政府决策者的命题，一部分来自研究基金管理方的专家委员会在征集选题的基础上的遴选。最终立项的课题还包括科研院所、智库机构的自主选题。政府决策者的命题本质上意味着研究课题直接进入政府议程，而研究基金管理方的遴选命题既是学术议程设置的一部分，也是回应政策议题设置的过程。科研院所和智库机构的自主选题则表现出研究机构的自主性，这些自主性选题大多基于研究者的长期积淀和科研志趣，其中不乏基础性的选题，可能不符合影响政策议题设置的应急标准，但其中的价值在于其未来可能成为政府决策所必需的储备性研究议题。

研究基金可以自己设计研究主题，自己开展政策研究，并借助渠道向决策者提出代表研究基金的政策想法。例如，中国发展研究基金会于 2011 年 2 月向国务院提交了两份中国贫困地区学生营养状况的调查报告，引起了国务院领导重视。随后，在政府、基金会、社会组织、媒体、公众、捐赠人等达成广泛共识的基础上，国务院决定启动 160 亿元的“营养膳食”计划，改善贫困地区学生的膳食状况。可以说，研究基金已经在原来单纯资助学术研究、鼓励探索创新的基础上，发展出了参与政策研究、提供政策咨询的新职能，从而成了连接和沟通科学领域与政治领域的桥梁。而且，研究基金通过发挥政策咨询功能，成了公共决策过程中的重要参与者之一，多年来为党和国家高层决策提供了重要的政策参考。

研究基金在资助过程中系统地支持智库。研究基金以课题资助的方式对智库进行支持，同时也以课题结项的方式对智库的研究成果进行评价。研究基金组织同行专家对智库研究成果的评价是保障智库研究成果质量的重要关口，同时，研究基金对智库研究成果的宣传传播功能也不可低估。宣传传播的方式包括网站宣传、资助学术期刊加大对基金支持研究成果的刊载、将同类智库成果结集成系列成果出版发行。研究基金对智库研究成果的宣传传播，一方面扩大了智库研究的影响范围；另一方面也通过对智库研究成果的传播，将智库的研究专家推向思想市场，成为决策者获取专家资讯的重要渠道。

自 1997 年起，国家自然科学基金委设立了管理科学部主任基金应急研究专款项目，专门就经济、科技、社会发展中的一些重大管理问题进行短期应急研究，为党和政府高层科学决策及时提供应用性的政策建议。国家自然科学基金管理科学部主任基金的申请说明中明确指出：该类项目的主要目标就是提供切实可行的政策建议，而不是基础科学知识的创新。2009 年起，全国哲学社会科学规划办公室设立了《成果要报》制度，向社科界专家学者征集针对党和国家重大现实问题的分析和对策建议，供决策部门参考。除此之外，还有科技部国家软科学研究计划的《软科学要报》制度；教育部社科规划项目的《专家建议》制度；中国科协设立专门基金资助政策研究类课题，并设立了《科技工作者建议》专报制度；等等。这些研究项目及其内参制度的创立是具有标志性意义的，意味着研究基金已逐渐发展出联结政治与科学两大公共领域的功能。

就此看，研究基金在履行部分智库职能时，还具有一些明显优势。研究基金的基本功能是为科学研究提供资助，现代研究基金将资助这一基本功能拓展至更广泛的空间，尤其是国家研究基金，更是承载着通过科学资助促进学科发展、培养创新科学家和创新团队、建设创新型国家、推动经济社会发展的重要功能。同时，研究基金作为公共决策咨询体系中资金流的集散地，资金流的输入端连接着国家和政府决策部门的问题流，资金流的输出端连接着高校、科研院所、科技智库的人才流。研究基金对智库专家成果的鉴定评价，是知识运用于现实的“守门员”，而其劣势在于智库本身拥有专业团队围绕某一研究专长展开研究，而研究基金只是具备通过资助构建科学家网络的潜质。

（三）案例：国家自然科学基金委员会

如前所述，研究基金在公共决策咨询体系中的基本定位是为智库研究提供课题资助。在这里我们以国家自然科学基金委员会为例，分析研究基金对智库活动的支持及其对智库职能的延伸。

国家自然科学基金委员会（简称“自然科学基金委”）成立于 20 世纪 80 年代，作为科研经费拨款方式的重要改革，旨在推动我国科技体制建设，是管理国家自然科学基金的国务院直属事业单位。自然科学基金委坚持支持基础研究，已经发展出科研探索性研究资助、人才资助、仪器工具研发资助、跨学科跨地区融合问题资助 4 个资助体系。自然科学基金委针对的基础研究及研究人才，恰恰是政府决策专业咨询的重点需求领域之一。自然科学基金委在漫长的发展中，通过课题资助和评价，一方面引导提炼出了一部分面向政策咨询的课题项目；另一方面通过对研究机构或个人研究成果的了解、评价，为政府直接提供相关问题的政策建议。

首先，自然科学基金委通过设计研究项目、引导课题研究与政策需求对接。虽然自然科学基金在性质上较为支持基础性的自然科学研究，但是其课题设计对现实问题的反应比较灵敏，这种对现实的关怀集中体现在一些应急课题的设置上。在自然科学基金委管理的十几个项目中，重大研究计划项目和应急管理项目直接涉及对政府决策咨询的考虑。

重大研究计划项目围绕国家重大战略需求和重大科学前沿展开，加强顶层设计、凝练科学目标、凝聚优势力量，形成了具有相对统一目标或方向的项目集群，促进学科交叉与融合，培养创新人才和团队，提升我国基础研究的原始创新能力，为国民经济、社会发展和国家安全提供了科学支撑①。

据统计，2010—2014 年，隶属于管理科学部的重大研究计划项目共计 104 个。这些项目主要来自自然科学基金重大项目“非常规突发事件应急管理研究”。在这 4 年里，这些项目均有相关的子课题持续推进。这种以特定重大问题为主干，以年度重点项目资助推进计划，将重大问题分解至不同研究领域的方式，通过持续推动，加强重大问题研究的纵深，体现出自然科学基金委整合各领域科学家对重大问题进行持续性协同攻关研究的运作特征。

应急管理项目则用于资助具有重要科学意义、需要及时支持的创新研究、学术交流、战略研究项目以及其他具有特殊需要的项目，包括综合管理项目、科学部综合管理项目、局室委托任务及软课题三大类②。

应急管理项目体现出自然科学基金委对国家重大紧急性问题的及时回应。这些选题一部分来自党和国家的直接命题，一部分来自自然科学基金委回应国家重大问题的主动议题设置。管理科学部的应急管理项目起始于 1997 年。1997—2014 年，自然科学基金委应急管理项目共立项 560 个。表 4 - 1 列出了 1997—2014 年应急管理项目主题与当时国内外环境的部分对应情况。

表 4 - 1　1997—2014 年应急管理项目主题与当时国内外环境的部分对应情况

年份	资助主题	前一年及当年发生的重大事件
2000	西部大开发、城镇化与区域经济	2000 年 1 月，国务院成立了西部地区开发领导小组办公室
2002	入世、国际贸易	2001 年，中国加入世界贸易组织

①② http://www.nsfc.gov.cn/publish/portal0/jgsz/08/.

续前表

年份	资助主题	前一年及当年发生的重大事件
2006	创新型国家、医改、农村基础设施建设	● 2005 年国家科学技术奖励大会，温家宝总理提出了“努力将我国建设成为具有国际影响力的创新型国家” ● 2005 年，国务院发展研究中心公开发布《对中国医疗卫生体制改革的评价与建议》 ● 2005 年，取消农业税，同步加大农村基础设施建设 ● 2005 年底，哈尔滨天价医疗费事件
2008	地震灾害、灾后重建	2008 年 5 月 12 日，汶川发生特大地震灾害
2009	金融危机、气候变化	● 2008 年，雷曼兄弟破产，世界金融危机影响中国出口贸易及全球经济发展 ● 2008 年，世界气候大会后各国代表同意在 2009 年 2 月中旬递出至 2020 年国内的减量计划与措施。全世界普遍关注 2009 年哥本哈根世界气候大会上各国减排措施的公开
2013	自贸区、细颗粒物(PM2.5)	● 2012 年上海筹划自贸区建设，2013 年 8 月国务院正式批准挂牌 ● 2012 年，美国大使馆公布 PM2.5 数据，引发舆论关注。2013 年 1 月 1 日起，我国 74 个城市按空气质量新标准开展监测，并实时发布 PM2.5 等 6 个基本项目的实时监测数据和 AQI 指数等信息，公众可通过网络实时查询

其次，自然科学基金委通过管理经验的积累直接服务于政府决策咨询。2005 年发布的《国家自然科学基金委章程》明确提出自然科学基金委的职能之一就是“协同国家科学技术行政主管部门制定国家发展基础研究的方针、政策和规划，对国家发展科学技术的重大问题提供咨询”。自然科学基金委服务国家发展科技的重大问题的咨询工作分为以下几个方面：

一是通过研究基础学科的历史进展和战略发展需求，为国家科技战略部署提供决策支持。早在 1988 年，自然科学基金委各科学部就开始广泛开展自然科学发展的战略研究；1993 年，自然科学基金委政策局给党组写报告，建议开展“优先资助领域的战略研究”，优先资助领域战略研究的工作部署得到 3 个科学部的积极响应；1995 年初，《国家自然科学基金“九五”优先资助领域（1996—2000）》一书出版。二是通过呈递内参的形式直接寻求政策影响。《研究基金简报》是自然科学基金委刊载重大科技政务信息的研究基金内参。同时，自然科学基金委还创办了《情况交流》内刊，刊载自然科学研究的前沿信息和我国重大科技进展。另外，自然科学基金委也重视通过多渠道信息公开，将资助课题的研究成果、资助政策、相关科技信息向科技界和社会公开传播。三是积极开展与其他智库、企业、地方政府的合作项目。自然科学基金委较为有特色的课题是和地方政府的合作和大型企事业单位的合作，为地方政府科技创新驱动经济社会发展做出贡献。自然科学基金委和企业设立的联合基金则突出产学研的结合，创建了科学家和企业科研系统的创新平台。

最后，自然科学基金委也直接培养政策领域的专家。自然科学基金委 2002 年建立了科学部专家咨询委员会（简称“咨询委员会”），负责对科学部的优先领域和资助格局、重大研究计划和重大项目立项、学科发展战略等具有战略性的资助决策与管理工作提供咨询建议和指导性意见[①]。咨询委员会成立之初，在人员聘用标准、会议工作机制等方面并没有明确的制度规范，为此，自然科学基金委专门成立咨询委员会工作机制调研组，对咨询委员会的工作机制进行问题核查和方案设计。目前，咨询委员会共有成员 152 人，委员实行任期制。这种规范化的专家咨询机制的建立，一定程度上帮助自然科学基金委培养了科技政策领域的人才队伍。

除了规范的专家咨询机制外，自然科学基金委也兼顾管理科学类的研究资助。自然科学基金委的学部构成虽然以自然科学为主，但也设置了管理科学部，受理、评审和管理各类管理科学基金项目。管理科学部下设的管理科学一处、二处和三处，分别资助管理科学基本理论、管理科学的微观研究（包括各行业、各类企事业单位及非营利组织）和宏观管理政策学科的科研项目。其中管理科学三处的资助目标

① http://www.nsfc.gov.cn/publish/portal0/jgsz/06/.

中明确提出了“培养研究人才与队伍，在发展相关理论和方法的同时，鼓励为国家宏观决策实践提供咨询、支持和参考”的目标[①]。

四、新闻媒体

（一）新闻媒体在智库活动中的作用

新闻媒体又称大众媒体，是 20 世纪 20 年代后出现的一个概念。随着互联网发展带来的信息传播方式的巨大变革，新闻媒体目前分化为传统（新闻）媒体和新（新闻）媒体，传统媒体包括报纸杂志和广播电视两种，新媒体则包括微信公众号、微博、机构网站等形式。但严格来说，新媒体更像是传统媒体的进化。

中国新闻媒体行业的鲜明特色在于“党的领导”。中国主流的新闻媒体是嵌套在中国的党政宣传体系之下的，离党政机关创建的一系列官方媒体与决策圈层距离更近，具有相当的权威性和代表性。新闻媒体的长处在于其调查传播能力，它需要借助专家及智库的思想提供更有价值的观点。《美国思想库对社会思潮的影响》一文重点剖析了美国智库的意识形态属性及其是如何通过媒体获得公众影响力的。文中对于美国智库和媒体的关系给出了解释：“美国的公众媒体对思想库的研究成果具有非常强的依赖性，这是因为，媒体还不具备对重大事件或政策进行独立分析的能力，它们在向公众进行新闻报道和评论时，需要借助思想库的观点和研究成果。同时，媒体也试图去迎合并希望领导美国公众的思想潮流和意识形态。”[②] 虽然中西方媒体结构和舆论环境有很大差异，但是上述阐述仍然道出了智库思想对于新闻媒体的吸引力。

在社交网络普及之前，新闻媒体在大众视野中多以广播电视、报

---

① http://www.nsfcms.org/index.php? r=intro/institution.

② 朱旭峰. 美国思想库对社会思潮的影响. 现代国际关系，2002（8）：44.

纸杂志等传统形式出现。传统新闻媒体采用的是一对多的信息交流方式，信息传递的速度相对慢。新闻媒体对咨询信息有一种垄断优势，但是这种优势本质上并不利于信息的高效传播。

随着社交媒体的不断深入发展，媒体与智库的关系也在发生变化：社交媒体的发展使得大众获得了更直接、更便捷的表达观点的方式，新闻媒体不再是信息的垄断者，“自媒体”时代极大提高了公众传播信息、接收信息的效率，使得公众获得了一种前所未有的“权力”，从而对社会其他主体的活动施加影响。从广义上看，我们不能说新闻媒体在没落，而应该说人们越来越离不开媒体，只是这种媒体的形式已经出现了演化。在此我们不探讨以微信、微博为代表的社交媒体的进化过程，但需要明确的是，在这样的环境下，新闻媒体和智库都需要“适应”：传统媒体进行数字化转型的实践已经比比皆是，在媒体渠道已经不再是稀缺商品的时候，它们急需有价值的内容来吸引用户。对于智库来说，公众的注意开始变得更有价值——一方面，社交网络似乎在营造的虚拟空间中打破了权力的圈层结构，处在核心层的决策者也是网络中的普通网民，会接收任何他感兴趣的消息而不需要经过层层传送；另一方面，通过公众舆论间接影响政策决策的路径似乎也越来越可行。在这样的情况下，新闻媒体能够成为智库上佳的“合作伙伴”。新闻媒体在智库活动中发挥的作用包括以下几个方面：

1. 内参呈送渠道

中国存在诸如新华社、《人民日报》、《光明日报》等官方媒体，在服务公共思想市场的同时，也承担着对上发现、遴选、提炼社会价值建议的重要职能。2015 年国家高端智库建设试点工作启动后，中宣部随即牵头联合多家国家官方媒体建设重点智库报告遴选和呈送体系。这种内参呈送渠道需要参与新闻媒体将部门政策需求与智库研究产品准确对接，同时要求其具有熟练准确的知识概括和知识处理能力。除针对中央决策服务的国家媒体以外，受各级地方政府主管的地方媒体也发挥着上呈内参的作用。

2. 公众宣传

通过新闻媒体多元化的传播口径，公众可以更加具体完整地对政策议题、决策过程、政策内容、政策成效等产生认识。媒体宣传也是培养公民政治素养、扩大社会参与度和积极性的重要途径。报纸杂志、广播电视、会议活动等传统宣传途径在互联网时代显示出些许疲态。智库更加重视对网络渠道的开发利用，通过微信、微博内容的密集推送和即时互动以及数字化出版物的高效传播，智库及智库专家能够顺利进入公共讨论空间，成为民众认知的知识权威和意见领袖。近年来，智库建设的热潮使得新闻媒体开始为智库建设观点提供更多“出口”。《光明日报》2014 年下半年创办了《智库》周刊，这是《光明日报》对中国特色新型智库建设战略的自觉响应。《智库》周刊每周发行，通过刊登专家文章、专访等形式，展示中国智库尖端研究成果，助推中国特色新型智库建设。《新华日报》为响应国家对于智库建设的重视，开设了“智库专版”，致力于建设中国特色新型智库，激发社科活力。

3. 知识产品再加工

无论是对上还是对下，新闻媒体在智库活动中的知识传播作用常常掩盖了其知识产品再加工和解释的作用。不可否认，智库产出的著作或学术论文等学术产品对公众来说仍然缺乏可读性，即使是智库通过微信公众号等推送的文章也很难说是“零专业门槛”。公众与智库间的知识差距往往须由新闻媒体来填补。因此，新闻媒体自然要对智库产出的知识产品负责起再加工和解释的工作，即通过专业术语拆解、数据可视化、娱乐性讲解等手段帮助公众更好地消化智库知识产品。同时，个性化推荐引擎也赋予了新闻媒体为特定用户群体提供感兴趣内容的能力。当然，不论是知识解释效果还是个性化推荐，都不乏质疑之声，但是其对公众传播的实际效果却是不容否认的。

4. 舆论反馈监督

社会治理涉及的多元化利益表达机制使得公共议题讨论呈现出观

点分化的特点。前面提到的智库职能也明确表述了智库应作为多元社会利益的代言人，但问题在于，多元利益表达的制衡局面形成需要时间。在此期间，已有的共识随时可能被新的表达需求所推翻，舆论也会呈现出反复摇摆的状态。新闻媒体在这个过程中要发挥积极的作用，促使真正的制衡局面尽快出现。因此，新闻媒体对传播的信息进行跟踪、监督、反馈和再传播就显得尤为重要。

（二）新闻媒体延伸出的智库职能

新闻媒体延伸出的智库职能在路径选择上存在着不同方式，导致其路径多元化的原因包括以下几点：一是机构本身具有知识产品输出的特性和谋求影响力的目的，这为机构的业务融合方式提供了空间。二是中国新闻媒体中的特殊组成部分——官方媒体，在资源上拥有绝对优势。其本身具有成长为政策咨询机构的能力，诸如人民日报社的人民网舆情数据中心、《中国科学报》联合其他智库机构成立的政策研究中心、研究院等媒体型智库机构已经开始发挥实际作用。

对于自身禀赋优越的官方媒体来说，成立专门的政策研究机构是发挥其长期调查累积的信息资源及优秀的传播分发能力的积极选择。比如人民日报社建立的人民智库，依托人民日报、人民论坛，整合中央和地方党政、国内外理论界，以及学术、思想、传媒、实业和社会各方面优质的智力资源，服务于中央领导和有关部门决策，服务于地方各级党政治理实践，服务于高校和研究机构、企业、传媒和社会各行业、各领域的新型智库组织。其下设人民论坛问卷调查中心、人民论坛理论研究中心、人民论坛测评中心，围绕国内政治、经济、文化、社会等重大议题，面向全国及地方持续开展大型社会调查，进行深入理论研究，进行多种维度的测评研究，并开发最具理论价值的核心指数。除此之外，多家知名媒体也都创办了智库，比如新华社的瞭望智库、光明日报的智库研究与发布中心、凤凰传媒创办的凤凰网国际智库等。

相应的，智库也可以与媒体深度合作或直接组建媒体机构。《中国科学报》在中国科学院建设高端智库的过程中，就与其达成了深度合作。《中国科学报》本身没有内参呈送渠道，但是有思想加工和传播的能力，而中国科学院学部作为中国科学技术领域的最高咨询机构，两者的完美结合和合作成为媒体跨界智库的又一模式。《中国科学报》与中国科学院等机构开展多方面跨层次全方位的合作，达成媒体和智库的联盟，在促进智慧思想传播发声的同时，毋庸置疑，也提高了报社自身建设的水平。一些有能力的智库也开始自办媒体，比如中国电子信息产业发展研究院（赛迪集团）就拥有 6 种报纸（《中国电子报》《中国计算机报》《中国高新技术产业导报》《通信产业报》等）、10 种期刊（《中国工业评论》《软件世界》《电子科学技术》等）和 20 多个信息传媒网站；春秋战略研究院创办的“观察者网”也是非官方智库组建媒体的典型例子。

（三）案例：财新智库

财新智库成立于 2015 年 8 月，是财新集团的下属两大品牌之一，与国内顶级财经专业媒体财新传媒并立①。相对于新生的财新智库，财新传媒这一国资控股的（北京）省级新闻单位则具有更悠久的历史和更扎实的行业影响力。财新智库的建立也反映了财新传媒决策层对于传媒行业的战略判断：在新媒体激烈冲击传统媒体的时代情境下，成为“彭博＋经济学人”类的综合性咨询集团②是财新集团未来一段时间内的转型目标。财新智库的建立是转型的开端。

财新智库的运转紧紧围绕集团的发展需要。财新智库的愿景是“成为新经济时代中国金融基础设施建造商”，服务的重点在企业和社会公众而不是各级政府③。财新智库设有决策委员会和顾问团队，决策委员会由财新传媒创始人胡舒立女士任主席，财新传媒总裁张翔任委员；顾问团队则发挥了类似学术委员会的作用，聘请了来自金融界、实业界的资深从业人员担任高级顾问。

---

① http://data.caixin.com/about.html.

② http://topics.caixin.com/2015-11-05/100870375.html.

③ 李远远．财新智库的特点和努力方向．中国记者，2016（2）：27-28.

财新智库在业务布局上呈现出快速获取研究能力、突出大数据布局、营利与非营利兼顾等特征。整合了财新集团内部涉及数据、内容生产的业务模块，比如将 2010 年成立的主营数据技术开发、金融数据与资讯分析的财新数据科技有限公司归入财新智库管理。为了克服研究实力上的短板，通过并购的方式吸收成熟的研究品牌：控股“中诚信资讯科技有限公司”，进入金融数据库领域；财新智库收购 2005 年成立的向国内外私募、公募提供独立咨询服务的莫尼塔（上海）投资发展有限公司，组建“财新智库莫尼塔”①；同时为了布局数据分析及行业评价，通过竞标冠名 PMI 指数（采购经理人指数）②；并与锐联财智合资创办财新锐联指数科技公司。除了上述一系列商业举措，还建立了财新智库研究部，进行非营利的公共政策研究③。

财新智库的建立带有清晰的定位和发展思路，面对的主要市场还是企业和社会。财新集团对于媒体行业的现实考虑是财新智库发展的初衷，通过财新智库这个运作平台获得对数据、研究的内容生产能力是集团发展的未来方向。在财新智库的发展路径上，集团做了两个“隔离”。一是将财新智库和财新传媒“隔离”。诚然二者能够起到相互促进的作用——财新传媒能够为财新智库提供广泛的人才、资源、产品的流通和宣传渠道④，财新智库也能为财新传媒提供专业化的视角和观点。但是在运作过程中二者是完全分离的，这很大程度上是考虑到财新智库研究的独立性。二是将非营利研究和商业咨询区分开来，这一点在上文业务布局上就有了很好的体现。虽然财新智库通过并购、合资、投标等手段快速地建立了研究基础，但是它仍自主建立了研究部，从事非营利性的自主研究。

---

① http://www.sohu.com/a/227316453_117959.

② http://money.163.com/15/0729/09/AVMA3IQM00252G50.html.

③ https://www.jzwcom.com/jzw/b4/12057.html.

④ http://www.caixininsight.com/aspiration.html.

Reform and Opening-up and Contemporary Think Tanks in China

Reform and Opening-up and Contemporary Think Tanks in China

第 5 章

加强新时代中国智库建设的问题与建议

5

加强新时代中国智库建设的问题与建议

一、中国特色新型智库建设目标

中国特色新型智库建设目标的提出，昭示着中国领导人对中国智库发展道路的坚定决心。建设中国特色新型智库首先需要明确“中国特色”和“新型”的内涵及关系。中国智库的“中国特色”主要是基于中国智库发展环境的差异性，而“新型”则体现为中国经济社会发展的新形势要求。建设中国特色新型智库要将“中国特色”和“新型”结合起来。那么，“中国特色”特色在哪里？“新型”又新在何处？

（一）“中国特色”智库

“中国特色”即结合中国的实际情况发展智库。国家政治体制、决策咨询体制和社会文化环境等方面的差异决定了中国智库不能单纯效仿西方智库研究路径和运营经验，而应在认清国内智库生存环境的前提下，发挥制度优势，探索适合中国实际的智库建设方式。本书从外部环境、内部运作和国际身份三个角度审视智库的“中国特色”。

在外部环境上强调有序竞争。“有序”来自制度保证：中国协商共识的政策决策体制对中国智库所处的政策分析市场有着深远影响。相较于西方思想市场对自由竞争的崇尚，中国的政策分析市场通常由需求方即政府主导，容易形成政策共识；智库间竞争倾向弱化、功能互补趋势更强。“竞争”来自环境公平：“有序”也会带来竞争不足、效用不高的弊端，因此，通过建立公平的政策分析市场、提供适当竞争的资本和条件非常重要。利用政府信息公开、产品纳入政府采购计划等具体方式，确保智库间的竞争活力，从而提升智库思想产品质量。

在内部运作上强调研究自主。不同于西方智库对于组织形式和资金来源独立性的坚持，中国智库强调智库基于政策问题和研究过程的自主决定权和自主行为。鉴于政策决策体制和社会捐赠文化的差异，要求中国智库从行政和财政上完全独立于各级政府并不现实也缺乏必要。中国智库更应该将注意力集中在通过历史传承中的价值引导和智库政策研究的学术属性等内在约束确保学术自觉，通过多元社会资金的活跃、同行评审等外部评价机制激励研究自主。

在国际身份上强调坚定立场、积极互动。具有中国特色的智库不仅应熟知中国国情，还应该熟悉国际话语环境。在国际公共议题中，中国智库应讲好中国故事，向世界介绍中国发展经验，阐述中国观点，捍卫中国利益。这要求中国智库不但能够为国家发展建言献策，还能够在国际舞台上发出有影响力的中国声音。2008 年国际金融危机以后，国内很多智库开始通过会议活动、成果宣传、人员交流等方式积极扩大国际交往，很多社会智库在承担“二轨外交”职能方面取得不少成绩。但中国智库在国际影响的途径、质量方面仍有提升空间。

（二）“新型”智库

“新型”既表达了时间上的新，也表达了行动上的新。在明确了“中国特色”的精神内核后，“新型”则更关心的是智库的具体现实和行动实施。具体来说，“新型”主要表现为以下四个方面：

一是新的形势。愈加复杂的决策形势是中国智库发展的客观需求，政府在新的历史时期面临着前所未有的一系列挑战：国内经济正经历爬坡、全深改正攻坚克难、社会发展凸显出深层次矛盾、国际经济政治格局正活跃变化等复杂全新的问题都摆在面前①。决策知识体系的多元性、复杂性和决策过程发展的科学化、民主化对智库政策研究的内容质量和形式推广都提出了更高的要求。

二是新的职能。新的形势必然要求智库承担新的职能：其一，智库要做政府的理性决策“外脑”。政府在复杂决策时面临的多重挑战使得其存在对独立客观政策分析的迫切需要②。而能否对政策难题提

① 李国强．对“加强中国特色新型智库建设”的认识和探索．中国行政管理，2014（5）：16-19.

② 薛澜．智库热的冷思考：破解中国特色智库发展之道．中国行政管理，2014（5）：8.

供科学理性分析，并给出多样化备选方案，是判断智库质量的公认标准之一。其二，智库要做社会的多元价值渠道。随着改革开放的深入，中国社会利益群体分化、多元价值显现。许多新兴社会阶层迫切需要表达自身利益的途径，而智库是这一途径的提供者。其三，智库要做思想的碰撞检验平台。通过汇集不同领域专家和利益相关者的观点，政策方案的利弊在智库搭建的平台上可以得到反复的验证与完善。

三是新的主体。新的形势、新的职能会导致智库的多元分化，多主体类型参与使中国智库体系能够形成合理互补的潜在优势。改革开放后，官方和半官方的智库在中国已有较长时间的发展历史。其中，既存在中央及地方党校、中央及地方党委政策研究室等政党型（官方）智库，也存在兼具政策研究和教学科研双重功能的学术型智库，还存在事业单位型（独立运作但隶属于国务院及各部委）智库①。而近年来高校智库及社会智库也开始蓬勃发展，使得中国智库发展呈现出愈加多元的特征。

四是新的模式。国内外复杂的政策问题、多重机构职能和多元化的竞争主体都对智库微观层面的运营模式提出了严苛要求。只有通过创新组织结构、提升管理能力，才能不断适应变化的政策和竞争环境。智库努力改进其治理结构，利用政研分开、合同聘用、访问交流等机制设计，高效整合智力资源；注重建立产品质量控制和绩效考评机制，设计以课题研究为导向的工作流程；努力适应“大数据”时代变革，重视舆情监控、数据挖掘、新媒体运用等方面的互联网技术、工具和方法的开发应用②。

（三）智库专业化问题

在建设中国特色新型智库的过程中，政府承担的责任可能更多的

① 朱旭峰．从中外统计数据看中国智库发展路径．学习时报，2014-06-16．

② 朱旭峰．构建中国特色新型智库研究的理论框架．中国行政管理，2014（5）：32．

是改善中国智库生存发展面对的政策分析市场环境，让多元智库能够在开放竞争的平台中完成知识产品的质量提升和机构的优胜劣汰。智库面临市场化的竞争机制，在政策分析环境中，人力、资金、课题等资源流动速度和配置效率在提高。智库需要做的就是谋求更多的资源并使其为自身所用。

当然，由于智库产出的政策观点是具有准公共物品属性的，因此，完全依靠市场竞争调节智库的生存发展是有其隐患的。一是可能造成创新观点过早消亡，二是可能让智库变为“逐利而动”的营利机构。显然，这就背离了国家建设中国特色新型智库的初衷。美国智库依靠社会捐赠缓解了这些负面效应，而中国则依靠政府领导下的市场调节机制。长期以来，我国存在于体制内的政策研究机构持续发挥作用，虽然当下其面临着机构改革和市场化导向的压力，但是政府对这些机构的直属管理仍确保了机构性质的稳定，这使得在主体上，国家仍维持着一个相对稳定、只是效率有待提高的决策咨询系统。通过高校、社会团体及其他民间力量建立的新型智库形式则产生了“鲇鱼效应”。这些有相当竞争力的新型智库帮助搅动了整体的政策供给环境，加快了机构转型。

智库专业化是受外在竞争环境压迫时智库自然做出的选择。政策咨询制度化和公众舆论空间的扩大为智库发挥作用提供了足够的需求空间，但委托课题资源只会向基础较好的智库汇集。就政府需求来说，来自上级政府的纵向委托对于机构的政府资源有很强依赖性，缺乏政府渠道和经验的智库只能将目标转向来自地方政府和社会团体的咨询课题。然而，地方政府的咨询课题在选择委托机构时也向高层政府“对焦”。满足开放的课题需求不仅需要智库有足够的研究能力支撑，还需要解决资金、人员等现实问题。因此智库专业化是智库谋求发展的自然选择，是避免同行竞争导致“资源拥挤”的手段。智库通过找到拥有绝对竞争优势的领域开展政策咨询研究，从源头上确保政府需求的稳定，以相对少的成本能够获得在行业内安身立命的一席之地。因此，智库专业化发展是有其规避行业激烈竞争的内在诉求的。

智库专业化发展会成就国家对于多元化智库体系的诉求。由于政策分析市场的竞争日趋激烈，智库间为了规避过热竞争而做出的磨炼知识优势、专业化发展的战略，使得智库分化出不同的专长领域。而按照政策分析市场的分配机制，一旦政府形成了新的领域需求，就会有智库自发地培养研究优势以追逐更多资源。长此以往，智库行业的整体多元化布局得以逐步培养起来。

二、中国特色新型智库发展面临的问题

在理解新时代中国特色新型智库建设目标的基础上，本书总结出智库发展面对的若干问题。

（一）智库政策研究质量亟待提高

习近平总书记在 2012 年中央经济工作会议上曾指出："要健全决策咨询机制，按照服务决策、适度超前的原则，建设高质量智库。"国家领导人对建设高质量智库的要求既是对智库参与决策咨询的高度重视，也是对未来智库发展方向的指引，也反映了我国现实发展中智库建设滞后于我国经济社会发展的实际需要这一突出问题。

智库政策研究质量不能满足决策需求在行业整体和机构微观层面都有体现：从行业整体层面看，智库行业发展不均衡；从机构微观层面看，智库专业化程度相对较低。

1. 智库行业发展不均衡

智库行业发展不均衡体现在两个层面：一是国家-地方层面的智库发展不均衡，一是官方-社会层面的智库发展不均衡。就第一个层面来说，国家长期以来重视宏观顶层政策设计、把握预测总体方向的智库建设，而各地区大量的省级及重点市社科院和高校下设智库的思

想产品产出能力则不尽如人意。这种不均衡长期来看不仅会影响地方智库认识地方发展实情、参谋地方政策设计的能力，同时也会使国家层面智库难以把握宏观发展态势；地方政府作为国家公共政策的基层实施者，其理解、细化、执行公共政策的效果也直接影响了国家政策的效果。就第二个层面来看，越是与政府联系紧密的智库，越容易形成与决策层的闭合循环，这是建设中国特色新型智库体系所要突破的壁垒之一。如何通过制度设计、资金开源、社会风俗等方面的引导，充分发挥出体制外智库的作用，让社会多元利益群体能够平等发声，这其实是让官方-社会智库发展均衡的目的所在。

2. 智库专业化程度相对较低

很多国内学者已经意识到智库专业化对于机构本身形成多元竞争政策分析市场的重要性。智库的专业化不仅落实于智库专家的专业化，也包含了智库机构运作的专业化。但实际来看，目前中国智库在专家队伍建设上仍处于发展阶段，智库专家本身的定位也在不断地明晰，而对于智库机构运作层面的专业化，很多机构可能还没有充分的意识。

智库专家在智库知识生产中起到不可替代的决定性作用。作为创新知识唯一的来源，智库专家投入智库知识生产中的知识劳动直接决定了在竞争环境中智库研究质量的相对优势。中国智库中大量的研究人员来自原有的事业单位、高校和其他企事业科研机构，他们在知识生产方面可能或多或少存在路径依赖，从而无法满足智库研究的若干要求。智库专家应该对自己的研究领域有长期的、全面的积累，这个研究积累是针对具体问题的理论基础、研究方法、实证调研和文献积累等多个方面的；智库专家要甘于坐冷板凳，对非热点问题进行扎实深入的研究，建立国家决策的战略知识储备；智库专家应对政策问题有“跨专业”的认识，而不是“非专业”的认识。

机构本身运作的专业化是智库谋求长期发展、形成核心竞争力必须要考虑的问题。专家学者是流动的知识资产，如果智库仅仅成为人才网络的中介商则很难形成真正独立于个人的品牌竞争力。

(二) 理论界对智库独立性的误解

关于智库独立性的争论旷日持久，在建设中国特色新型智库的高潮期，中国智库的独立性也被热议，在讨论中逐渐分化出两个派别：一方认为中国智库“不独立”，持完全的批判态度；另一方则认为中国智库本就是“党的领导”下的产物，所以中国智库“不需要独立”。事实上，这两种态度都不可取，因为这两种看似完全相反的态度，本质都是认可“独立性就是独立于政党和政府”这一美国式的概念界定。本书的观点是中国智库在发展中不应过分纠结独立性身份（独立于政党和政府）的问题。且不论智库独立性的标准早已被学者反复质疑，中国智库普遍呈现出的对政府的依赖根源于我国的政治生态和社会文化，一个机构很难也完全没有必要独立于政党和政府体制。智库独立性（或者我们更乐意称其为智库自主性）并不体现在不接受政府的资助，也不体现在与政府完全划清界限，甚至与政府隔绝。因此，独立性本质上应该是智库研究的自主性及其观点的客观性。而有些国家的智库由于远离政府或政党，缺乏稳定的资金来源和影响力渠道，反而容易被特殊利益集团（甚至外国机构）的经费资助所控制，丧失其观点的独立性。所以，如果真要强调中国智库的独立性问题，我们应该进一步强调，正因为中国智库在组织和资金上不独立于政府或政党，它们反而更可能具有观点的独立性，因为这样的智库不容易受特殊利益集团的影响从而丧失其独立性。

诚然，智库要保持其研究的自主性和观点的客观性，取决于智库多元资助体系的建立。中国智库的经费来源，呈现出政府资助和社会支持双重不足的问题，智库发展普遍面临资金不足的难题。2009 年《瞭望》杂志所做的一个关于中国智库发展的调研反映：“一家半官方研究机构，其经费来源中来自主管单位的资金只占 2%、委托课题费用占 27%、一家美国慈善基金和一家德国跨国企业的资助共占 63%。”虽然这家智库的经费结构并不代表我国智库经费来源的总体情况，但是基本反映了中国智库经费来源双重不足的现状。

中国智库经费来源双重不足的现状，会引起国外资金介入的衍生问题。近年来，跨国公司与国外基金对智库的支持力度逐渐增大。我们并不是要揣测国外资金支持的动机，只是如学者们担忧智库的独立性会因过度依赖政府而丧失独立性一样，经费来源过度依赖于国外资金可能也会导致同样的问题。因此，中国智库经费支持既要增强政府资助支持力度，又要做好各类型智库间的资金合理分配，还要逐步培育社会资金支持智库发展的风气。在多元经费来源的支持下，智库通过透明度建设来约束自身的研究行为不受利益集团控制，而是接受来自社会各界的监督。

（三）活跃有序的政策分析市场有待完善

政策分析市场是我国智库面临的大环境，它包括政策产品的供给方（以智库为代表的各类政策咨询机构）、需求方（各级政府以及大众）以及二者间的市场机制。要从整体上提升智库水平，我国政策分析市场就要有进一步的发展空间。

1. 决策咨询制度有待进一步落实

国务院各部委及各级地方政府大多成立了专家咨询委员会，建立了相应决策领域的专家库，并制定了专家咨询委员会工作制度（条例），规范了决策咨询的适用范围、工作程序、咨询形式、激励机制等。

但是，这些决策咨询制度化措施在执行中还存在很多不完善的地方。据中共中央组织部“建立决策咨询机制”研究组在甘肃、内蒙古、浙江、吉林、重庆、河北、江苏、贵州、广东、山东、湖南、上海、湖北等 13 省、直辖市和自治区的调查发现，“开展得不平衡，主要靠领导推动”与“缺少对专家的激励约束和咨询效果的评估”是目前公共决策专家咨询中存在的主要不足[①]。根据中国行政体制改革研

---

① 中国智库研究课题组．建设中国特色新型智库．社会科学报，2015-04-09.

究会课题组对智库建设问题的调研，持上述两种观点的被调查专家分别占 48.2%和 53.7%，被调查省直相关工作人员分别占 56%和 61.5%，被调查县市工作人员分别占 61.3%和 53.2%[①]。可见，智库参与决策咨询的制度仍然因领导话语偏好和智库评价滞后导致参与效率低下等问题。

另外，智库参与决策咨询在实践中还会遇到如下问题：某些地区对重大事项界定不清，决策者有选择性地对重大事项进行决策咨询；决策咨询需求不公开透明，选择性确定决策咨询机构或专家个人；决策咨询过程和结果并没有形成完善的记录和档案管理，缺乏责任追究机制；决策咨询工作走过场，智库或智库专家成为决策者的附庸和利益代言人等。这样的现状充分反映了智库参与决策咨询的制度化仅依靠出台文件是不够的，更重要的是制度真正地落到实处，这就对制度的可执行性和科学性提出了更高的要求。

2. 政策分析市场良性竞争机制有待完善

我国政策分析市场尚未形成公开、公平、公正的竞争环境，这一问题的直接体现就是智库间拥有的政府渠道和资源严重不均衡。这种智库间的不公平竞争挫伤了智库刺激创新、提升效率，保证思想产品的质量和丰富度的积极性。

国内存在大量与政府渊源颇深的智库，这些智库或多或少接受政府在资源上的倾斜。这不仅不利于优秀的思想产品在竞争中脱颖而出，也阻碍了社会多元利益群体平等发声。

即使拥有了活跃竞争的政策分析市场，有序竞争也有赖于质量评价、控制、监督机制的确立。智库研究成果质量评价应不限于政府决策部门的鉴定或采用证明，更为重要的是智库研究成果的同行评审机制。智库研究成果的同行评审机制，可以采取多种形式，无论是学术研讨中的辩论或是由大众媒体公开评论。

---

① http://theory.people.com.cn/n/2014/0825/c40531-25530294.html.

（四）智库国际影响力仍有差距

中国智库的国际影响力和全球知名智库相比，存在着较大差距。我国各类智库已超过 2 000 家，这一数量比美国智库统计数量还要多。但是从影响力对比上看，我国智库在国际上影响力显著、获得足够认可、能够在国际公共事务治理和调整国际关系中发挥重要作用等指标与其他国家还存在不小差距。

2008 年全球金融危机，国内智库面对欧美国家的舆论压力表现出的弱势刺激了中国智库在获取影响力方面的行动。一些社会智库在充当“二轨外交”桥梁方面异军突起，前文提到的中国国际经济交流中心、上海国研院、盘古智库等在国际交流活动方面，表现都可圈可点。但是，国内智库在国际影响力方面还有拓展的空间：一是应该突出研究领域和成果的国际化，在诸如“一带一路”“全球可持续发展议程”“气候变化”等国际公共议题方面起步比较晚，具有跨国比较和国际视野的成果较少，国际话语权有待提升；二是国际交流活动有待进一步丰富化，通过会议活动、合作研究、人才交流等形式促进国内智库与国际政策研究机构的联系也是中国智库融入国际政策研讨圈的重要手段；三是考虑机构组织结构的国际化，这包括人员结构的国际化、组织形态的国际化和网络关系的国际化；四是舆论影响的国际化，随着社交网络和互联网的深入发展，敏锐观察国际舆论环境并发挥积极引领作用，也是中国智库获取国际影响力的手段之一。

三、加强中国特色新型智库建设的建议

总结改革开放 40 年来中国智库的发展轨迹，根据中国特色新型智库建设的目标和管理机制，以智库发展规律为基准，以服务于国家治理体系和治理能力现代化为目标，借鉴和参考西方知名智库及我国智库在实践中的经验教训，提出以下政策措施：

(一) 为智库发展创设良好的环境

智库作为一个稳定发展且独立运作的政策研究和咨询机构，在运行过程中，尤其是在和政府决策机构进行思想产品的交换时，其发展环境自然会嵌入智库的发展模式和运行绩效，因此，改善和优化智库发展环境是建设中国特色新型智库的基础保障。

1. 促进智库多元化发展

智库类型的多元化发展是智库进行政策研究和咨询的总体环境。如前所述，目前，中国智库类型结构、主要特征是半官方智库和高校智库为主，社会智库的数量和总体影响力都处于劣势。因此，促进中国智库多元化发展是中国特色新型智库建设的一个重点，让半官方智库、高校智库和社会智库能够形成良性共存、分工互补的中国智库体系结构。从目前三类智库的比例结构来看，促进中国智库多元化发展主要在于促进社会智库的发展。中共十八届三中全会关于“加强中国特色新型智库建设，建立健全决策咨询制度”“解放和增强社会活力”“加快完善现代市场体系”的决定为社会智库的机构注册放宽了准入门槛。具体而言，第一，应在身份上给予社会智库与官方智库平等待遇，允许社会智库以非政府组织等形式注册为独立法人；第二，解决社会智库资金来源问题，包括允许社会智库接受国内外各类机构组织捐赠；第三，为社会智库投资者实行减免税收政策；第四，设立智库发展基金支持社会智库发展。总之，就是给予社会智库参与公共政策分析、研究、咨询与决策的平等机会，使社会智库成为政府决策科学化和民主化的重要力量。

要为多元化智库格局提供多元化的政策思想创造平台。目前，多元化的智库结构只是数字上表征出来的多元化，鼓励社会智库形成多元化智库体系结构只是多元化的外在表现，更深层次的是鼓励各类智库提供代表不同利益的政策思想，也就是多元化的政策思想，并为多元化的政策思想之间的研讨、辩论创造空间和平台。要弱化智库的行政化、等级化和部门化色彩，尽量消除研究机构在经费、人员和管理体制等方面对政府部门和其他利益群体的依赖，保持相对独立。以事业单位改革为契机，按照智库独立性、多元化的要求来改革现有体制内的智库，推动官方智库实现企业化与市场化运营。隶属关系上，弱化其对行政部门的依赖，给予其更多的灵活性和自主性。业务发展上，改变其侧重解释、宣传部门政策的特点，适应国家对政策研究市场的需求，转向战略性、前瞻性、国际化问题的研究。资金来源上，由财政拨款形式转变为政府购买公共服务形式，既解决智库运营经费问题，也可保持智库研究的独立性。

2. 为智库发展创设公平竞争环境

政府是公共政策制定的主导者，也是智库思想产品的最大需求方，同时是智库参与决策咨询的规则制定者。因此，政府等公共决策机构应该明确自身的角色定位，通过搭建决策咨询的公共竞争平台，制定公平竞争的决策参与规则，以课题项目的形式推动智库研究，并细化智库政策方案抉择采纳的评价标准。智库主要依靠项目获得科研经费支持，因此应以项目支持取代简单的财政拨款，同时，按照公开、公平、公正、竞争、择优的原则开展项目的立项工作。政府对于重大现实问题研究项目和优势基础研究项目要给予扶持，还应注重研究的原创性和成果实用性。

3. 为智库发展创设宽松舆论环境

智库间思想观点的传播、交流、碰撞、辩论是智库思想观点含金量锤炼的必经过程，发展创造良好的社会和舆论环境，才能推动智库提供更高水平、更有价值的政策思想。政府应逐步取消和放松对智库的有形或无形限制，在宪法和法律规定的框架下，允许智库自由开展学术研究、自由进行学术交流、自由发表意见建议，淡化智库观点的意识形态色彩。对于智库扩散影响力的媒体等舆论公共空间，政府同样需要逐步放松管制，智库间通过新闻媒体这一平台进行公开辩论。媒体界也应该履行其职业伦理和公共精神，在有关智库观点及辩论的宣传报道中，全面客观地反映智库的思想观点和政策建议，特别是要一视同仁地对待各类型智库的研究成果，既不因社会智库的独立性和自由表达观点中对公共政策的批评而过分渲染，也不因官方智库成员的政治身份而故意夸大其作用，更不能因媒体自身职业素养而曲解智库观点。只有智库自身、政策决策机构、新闻媒体及媒体监管部门等全社会的力量均关注智库的发展，为智库的发展营造积极适宜的发展环境，才能真正发挥各类智库的功能，提升中国公共政策质量。

（二）完善有序、高效、开放的政策咨询体系

智库积极发挥决策咨询作用，参与公共政策过程，保证决策的科学化和民主化，除了提升智库自身能力外，更重要的是能够形成一套智库参与政策咨询的法律、制度、规则和程序，即建设畅通的智库参与决策咨询的渠道。

1. 将智库参与决策咨询纳入重大决策的法定程序

改革开放 40 年，我国的决策咨询制度已基本确立，结合决策咨询制度的实际执行和各地对决策制度的界定、程序的不同，应做到以下几点：第一，在国家层面上应该尽快开展有关专家决策咨询的行政程序的法律起草工作，确立智库专家参与决策咨询的法律地位和决策咨询参与制度的总体指导原则和规范程序；第二，将专家参与决策咨询相关制度的原则和程序设计，融入正在制定或修订的行政法和行政程序法条文中，使这些法律法规之间产生协同效应，更好地发挥出法律法规对专家参与决策咨询的基础性保障作用；第三，各部门及各级地方政府根据上述法律法规要求，结合本地情况，制定决策咨询的适用范围、具体程序，智库、专家参与的责任和义务，未按照法律法规要求进行决策咨询的责任方的问责机制等实施细则。

2. 建立畅通的智库参与决策咨询的渠道

智库发挥其应有作用需要有畅通的参与渠道。鉴于中国决策咨询参与渠道因竞争不足而导致的封闭性问题。第一，要为各种类型、各种层次的智库提供公平竞争的参与决策渠道，尤其对于社会智库，要有意识地将其纳入政策咨询中，这就需要做到决策公示和信息公开。第二，通过探索多种类型的决策咨询形式，建立智库参与决策咨询的畅通渠道。建议按照公共政策过程，结合特定政策问题和类型，按照议程设置、方案制订、方案抉择、政策实施监控、政策评估等过程中智库专家能够发挥作用的特点，设计出不同的决策参与模式，同时，可以在不同的阶段，选择不同的智库参与，以使智库间因阶段不同形成监督制约。

3. 打造竞争性政策分析市场

政策分析市场建设的主要目标在于通过市场机制，实现智库间的优胜劣汰、自然分工，激发智库积极高效地参与决策咨询。第一，政府首先应从产业规划方面，制定鼓励决策咨询产业发展的制度法规，赋予各类智库平等的市场地位；第二，要建立智库研究成果的评价机制，尤其发挥第三方的评价作用，保证政府选择政策方案时能够做到优中选优；第三，政策分析市场同样需要政府有效的监督管理，确保智库的立场、观点、方案设计不触犯国家法律法规，确保智库的经费来源、经费使用和职业操守等符合规范要求，从这个意义上讲，我们在总体思路中已经提出了设立类似智库行业协会和智库管理机构的建议。

（三）支持智库加强自身能力建设

1. 明确智库定位

明确智库定位是加强智库自身能力建设的基础前提。智库的定位应该遵循智库的主要特征，结合中国特色新型智库建设的指导原则来确定。第一，要明确智库在参与决策过程中是政府的“外脑”，既是科学理性的诚实代言人，也是国家和公共利益的代言人。因此，智库要科学理性地发现政策问题、倡导政策议程、提供政策方案、参与优选抉择、监督政策执行、进行科学政策评估，保持决策参与的科学性、客观性和独立性。第二，智库要坚持国家利益至上，服务国家总体发展战略，研究成果要有利于社会进步、国家发展、民族复兴，并经得起时间的考验。第三，智库要秉持公共精神，尤其是关注社会边缘群体和弱势群体，成为大众声音的代言人，通过调查研究，形成报告让决策层了解底层的呼声。第四，智库要积极助力全球化进程的国家软实力提升，通过国内政策研究和咨询，提升国家经济社会发展决策的科学化、民主化，塑造良好的国际形象，同时积极参与全球性公共问题治理的研讨和国际合作，并在处理国际国内事务方面，国家也应该充分发挥智库的作用，提升国家在国际事务处理中的主动权和话语权。

2. 完善智库人才管理机制

中国特色新型智库建设离不开一支高水准的人才队伍。完善智库人才管理机制，主要从智库人才的选拔、培养和使用，成员进出机制的角度入手。第一，在选拔智库人才工作中，要加强智库人才的梯队建设，尤其是青年智库人才队伍建设。通过一定的人才支持计划和智库参与活动适当增加青年学者的比例，通过实际参与锻炼，为未来智库人才队伍的长期发展奠定基础。第二，在智库人才培养方面，建议鼓励智库成员积极参与国内外学术交流活动，提升智库成员的决策参与能力。第三，从智库人才使用方面，建议智库建立开放式的人才使用平台，除了保有一批高水平的核心智库团队外，以建立智库专家库的模式，积极吸纳来自各个领域的人才资源，通过课题招标等灵活的用人机制，充分调动和激活社会各方面的人才资源。

3. 增强智库思想创造和思想营销能力

智库间的竞争随着全球化进程的深入发展，已经表现为智库核心竞争力和影响力的思想高地争夺，增强智库的思想创造能力和思想营销能力同等重要。第一，从政府的角度出发，应该大力支持智库打造“拳头产品”，树立“智库品牌”。一方面，加大已经形成特色和影响力的智库的资助力度；另一方面，放宽智库内刊、杂志的发行或网络电子出版物的发行，因为这些出版物可以视为智库“拳头型”思想产品的主要载体。西方智库在积极参与决策咨询的同时普遍将其出版物作为展示思想创造能力的主要载体，比如布鲁金斯学会的《布鲁金斯评论》，卡内基国际和平基金会的《外交政策》等。第二，在增强智库思想营销能力方面，中国智库应该建立起多元化立体的思想营销渠道。根据知名智库研究专家安德鲁·里奇的研究，美国智库将其经费的相当大一部分用于宣传和推销自己的政策主张。中国智库可以借鉴国际智库经验建立思想和研究成果的多元立体化宣传渠道：一是通过智库人员在重要的政府部门任职直接影响外交决策，二是出版期刊和在权威期刊发表其著作传播智库思想，三是向政府部门提交报告或建议，四是通过公众舆论和新闻媒体来影响外交决策。而成功的营销除了建立多元立体化的渠道，美国传统基金会主席福尔纳提出的营销思想的“四大法宝”——研究内容及时有效、提交材料力求简短、成果要对路、研究成果具有科学性和权威性——也值得中国智库借鉴。第三，随着网络技术的迅猛发展，中国智库也应越来越重视通过网络媒体发表自己的学术观点，介绍自己的研究成果与政策主张。通过智库网站建设或借助微信、微博客平台来宣传新思想、新观点，抢占智库影响力发挥的网络空间新阵地。

4. 创新智库组织和管理方式

智库的组织和管理方式是保持稳定、高效、独立运作的组织结构。这一组织架构并非仅仅是一个静态的结构设计，而是以此为架构进行的机制安排，直接影响着组织中人、财、信息等资源的优化配置。如前所述，中国智库在组织形式和管理方式上表现为典型的“单位”特色和行政化倾向，因此，应参考中国国际经济交流中心的组织形式和管理方式，归结起来就是智库运作的理事会制度、智库资金管理的基金董事会制度和智库经费分配的课题招标制度，并积极推广。智库应加强与政府部门、企业、其他智库的合作，打造新型跨地域、跨部门的共同体组织形式和管理方式，侧重借助互联网实现协同平台建设和以高端论坛和合作课题为载体的项目式组织架构。这些探索都为智库组织形式和管理方式的转型和优化提供了极大的创新空间。

（四）为智库发展构建多元化可持续资金保障机制

1. 拓宽智库资金来源渠道

智库的发展离不开资金的支持。如前所述，智库资金来源的多元化是促使智库保持独立性和思想创造力的重要举措。因此，要拓宽智库资金来源渠道，实现资金来源多元化。第一，政府要加大资金资助力度，并探索智库发展基金的资金管理模式，使得智库资金来源于智库发展基金，摆脱智库发展依赖资金资助部门产生的智库的被俘获现象的出现；第二，政府应该放宽智库接受社会捐赠的渠道限制，通过税收减免等优惠政策的出台，鼓励企业、民间组织和个人对智库进行捐赠；第三，要鼓励智库自身通过举行公众活动，吸引社会资金支持，并对智库尤其是社会智库开展的带有营利性质的活动进行税收减免优惠，提升智库自身充实资金保障的能力。

2. 建立智库发展基金，提高智库资金使用效率

资金来源的充足保障和多元化，仅仅是智库资金支持方面的一个基础前提，更重要的是智库自身要提高资金的使用效率。尽管智库自身可以开展营利性活动充实资金保障，但是智库获得的资金应该主要用于支持研究工作和举办公益活动。这一定位在西方学者将智库视为

非营利组织的定位中可以发现其逻辑，这一逻辑的根本是只有智库作为非营利组织，才能获得更多的社会资金支持，这样一来，捐赠方和智库自身才能获得免税或减税的优惠政策。而这必然意味着智库理应做好智库资金使用的规范化、透明化和合理化，保证智库资金的高效利用。因此，智库的资金管理和使用，可以结合智库组织形式和管理方式的转变，通过理事会制和研究经费的课题招标制，建立智库发展基金，通过基金管理的方式，保障智库资金的合理分配和使用。

(五）加强智库发展的信息基础设施建设

决策研究的大师西蒙很早就将情报、信息收集作为决策的重要起始环节，并将信息是否完备作为其有限理性决策理论的依据之一，可见，信息基础建设是政府决策科学化的重要基础性保障。

1. 支持智库加强自身数据库建设

就智库自身数据库建设而言，智库参与决策咨询的政策领域一定是自己具有数据信息优势的领域，这就牵涉到政府以决策课题招标等形式吸纳智库参与时，一定要将具有相关政策领域数据优势的智库作为参与首选，避免临时搭台型的智库参与，影响决策咨询的实际效率，这就给智库提出了新的要求，也构成了中国特色新型智库建设的一个重点，就是智库必须强化自身研究咨询专长领域的数据库建设。国务院发展研究中心的信息网数据库（含国研报告、宏观经济、区域经济、行业经济、国研数据等 14 个子数据库），中国社科院通过“皮书”系列建立起来的不同区域、行业、学科发展的数据信息，华中师范大学徐勇团队的中国农村研究院通过“千村计划”建立起来的中国农村数据库等数据信息平台是这些智库成为中国智库佼佼者的主要原因。

2. 建立智库数据共享、合作开发的机制

中国智库在参与决策咨询时普遍对政府掌握的数据信息产生依

赖。据相关研究，我国政府掌握全社会80%以上的数据信息，但是这些信息在中国行政体制的“条块分割”格局下，呈现出典型的“信息孤岛”现象。为此，中国政府应做到以下几点：第一，应该做好基础数据库的建设和共享工作。继续加强“人口基础信息库”“法人单位基础信息库”“自然资源和空间地理基础信息库”“宏观经济数据库”四个基础数据库建设。第二，建立隶属于各部门系统的各种数据库的分布式联机检索系统，实现这些“孤岛式”信息的联网检索、处理和更新功能。第三，政府应该加大对分布在各地、各高校图书馆的数据信息的共享平台建设的力度，充分利用信息技术手段，在做好保密工作的前提下，建立和完善基础数据库的全社会共享机制。

3. 加大智库信息基础设施建设的资金支持力度

智库信息基础设施建设需要政府在此方面加大投入，尤其是对智库专门数据库的建设。建议政府、行业等相关部门一方面加大对智库专门数据库建设的资助力度，另一方面积极探索合作共建、数据共享、联合开发、综合利用的发展路径。通过数据拥有方和信息资源开发公司的合作，提供有偿信息服务，形成基础数据免费共享、专门数据有偿使用的信息资源开发利用格局，盘活全社会信息资源，为国家进行公共决策、智库提供决策咨询、全民提升信息素养和科学修养做好信息基础保障工作。

（六）大力鼓励智库提升国际影响力

提升智库的国际影响力，既是全球化时代对中国智库建设提出的外在要求，也是我国在全球经济社会发展中发挥积极作用和影响力的内在需求。智库的国际影响力体现在国际议题设置和规则设计能力上的话语主动权，更深刻地反映在中国发展道路的全球认可度上。中国智库必须重视提高国际化水平，才能在国际舞台上取得话语主动权。具体来说，应该从以下三个方面入手：

1. 培育智库全球意识

全球化时代，智库必须培育和增强全球意识和国际视野。第一，智库自身在研究议题的设置中应更多地关注能源、环境保护、气候变化、可持续发展等全球性公共事务治理，提高我国政府和智库在国际公共事务中的参与度。第二，政府继续在国家级纵向课题和横向委托课题中增加全球性公共问题的数量，甚至可以以专项课题的形式设置国家哲社规划课题和教育部人文社科课题或外交部委托课题，并积极鼓励国内一些知名企业设置全球经贸类的委托课题，通过政府及企业的课题招标资助，逐年引导智库将研究议题转向全球性公共问题，培育智库的全球意识。第三，一些有志成为全球性机构的智库，应积极聘请外国专家。智库聘请这些外国专家不是为了借外国专家之口给中国政府和政策唱赞歌，而是利用他们的专业优势，为中国政府出谋划策，提高中国政府处理复杂国际政治经济和社会事务的能力。

2. 促进智库国际交流

促进智库参与国际交流和合作，是提升中国智库国际影响力的有效举措。第一，支持智库积极参与针对全球性公共问题的各类研讨会、高峰论坛或国际合作课题研究。通过借助这些国际交流合作的平台，实现中国智库和国际组织、政府、智库的数据共享、观点碰撞和方法借鉴。第二，继续加强国内大学下设智库和国外知名大学下设智库的学术交流、人才合作培养、互派访问学者等，加强国际智库间的人才交流和合作培养。第三，指导智库增加国际交流方面的经费预算。第四，国家主管部门要对正常的智库出国交流的外事审批在符合相应规定的前提下，简化手续、提供便利。第五，国家层面应该积极主动承担或鼓励智库承办类似“全球智库论坛”的全球性智库交流活动，或国际组织举办的类似“气候变化峰会”的国际公共事务治理方面的峰会。通过这些平台既促使中国智库“走出去”，又通过主办、承办国际性会议、论坛，将国际智库“请进来”，从两个方面促进智库的国际交流，扩大中国智库的国际影响力。

3. 增强智库的国际交往能力

智库的国际交往能力是扩大中国智库国际影响力的重要抓手和关键所在。第一，积极培育智库研究人员的国际交往能力，增强其运用语言工具进行国际公共问题分析的能力，实现国际交往话语系统的顺畅运行，并且能够准确把握中国外交政策，在国际交往中宣传中国立场和观点。第二，鼓励和激励智库在国际权威期刊上发表学术论文，抢占智库研究核心创造力的高地，积极利用国外报纸、电视等传统媒体，网络、博客、微博客等新媒体，无论接受专访还是购买版面，抑或开设微博，通过这些平台传播中国智库的观点和见解，扩大中国智库的国际影响力。第三，积极支持中国智库“走出去”，通过设立海外分支机构或办事处的方式，在世界各地设立一定数量的分支机构。智库通过这些分支机构，可以为智库研究人员开展海外研究提供便利，为智库了解当地实际情况提供第一手信息，从而提高智库在有关问题的国际对话中的说服力。建议政府部门设立专项资金，支持国内有影响力的智库在海外设立分支机构。

附录　中国智库大数据指数（2016 年、2017 年）

在智库已经成为全社会热点的今天，智库如何去影响政府、影响社会，是一个值得研究的问题，这需要学者深入考察智库的行为以及它们获得影响力的机制。因而，智库评价具有非常重要的现实意义。对于国家而言，智库评价有助于国家总体把握智库发展的形势，针对性地出台支持智库发展的政策；对于智库行业而言，智库评价有助于智库行业规范和行为准则的建立；对于智库个体而言，智库评价有助于智库间在竞争、学习中发现不足，找准目标；对于决策部门、基金会、新闻媒体、学术共同体、社会大众而言，智库评价有助于展示智库行业、智库个体的公共形象。

那么，如何观察智库的行为呢？学术界推出多种评价智库的方法，诸如向相关受众发放调查问卷的主观提名评价方法、向智库机构发放调查问卷的客观数据评价方法、搜集智库公开行为数据的大样本评测方法等。综观智库影响力测量和评价方法，我们可以看出比较清晰的从主观到客观、从定性到定量、从小样本到大样本、从小数据到大数据的发展趋势。出现这种趋势的原因，首先是社会科学和现代信息技术相结合的方法已大势所趋，但更重要的是社交网络新媒体的出现极大地改变了现代国家的政治生态。智库为了追求影响力，也不得不迎合历史的潮流，主动接纳新媒体的传播方式，拓展影响政策的新途径。因此，智库评价也必须紧跟政治社会发展的步伐，积极开发出新的获取智库数据的方法。智库评价的发展方向之一，就是通过智库及其专家在社交媒体上产生的大量无组织的痕迹追踪数据，探索智库影响力的“大数据评价方法”。

笔者所在的清华大学公共管理学院团队推出了《中国智库大数据报告（2016）》，提供了大数据时代下记录智库行为和评价其社会影响力的独特视角[①]（附表 1 提供了 2016 年中国智库大数据指数）。2018 年，该报告的 2017 年版不仅对中国智库进行大数据评价，而且尝试对外国智库进行大数据评价[②]（附表 2 提供了 2017 年中国智库大数据指数）。（有兴趣的读者可在清华大学公共管理学院官网上自行下载中英文报告文件。）

附表 1 CTTBI 2016：中国智库大数据指数——前 100 名

（同级别智库按字母排序）

评级	智库中文名称	智库类型	TTBI 总指标
A++	第一财经研究院	企业、社会智库	62.05
A++	瞭望智库	党政部门智库	61.22
A++	盘古智库	企业、社会智库	62.81
A++	全球化智库	企业、社会智库	62.59
A++	中共中央党校	党校行政学院智库	63.08
A++	中国电子信息产业发展研究院	党政部门智库	59.3
A++	中国金融四十人论坛	企业、社会智库	62.47
A++	中国科学技术协会	科研院所智库	67.87
A++	中国人民大学重阳金融研究院	高校智库	66.5
A++	中国社会科学院	社科院智库	63.06
A+	21 世纪教育研究院	企业、社会智库	57.1
A+	北京市社会科学院	社科院智库	57.55
A+	福卡智库	企业、社会智库	54.53

① “中国智库大数据评价研究”课题组（首席专家朱旭峰）. 中国智库大数据报告（2016）. 北京：清华大学公共管理学院，2017.

② 智库研究中心（首席专家朱旭峰）. 清华大学智库大数据报告（2017）. 北京：清华大学公共管理学院，2017.

续前表

评级	智库中文名称	智库类型	TTBI 总指标
A+	上海金融与法律研究院	企业、社会智库	55.48
A+	上海市社会科学院	社科院智库	56.01
A+	天则经济研究所	企业、社会智库	58.61
A+	中国城市和小城镇改革发展中心	党政部门智库	58.31
A+	中国指数研究院	企业、社会智库	54.75
A+	中央编译局	党政部门智库	56.91
A+	自然之友环境研究所	企业、社会智库	56.02
A	北京师范大学中国公益研究院	高校智库	50.17
A	察哈尔学会	企业、社会智库	52.16
A	凤凰国际智库	企业、社会智库	46.6
A	复旦大学金融研究中心	高校智库	45.46
A	广东省社会科学院	社科院智库	46.38
A	国防大学	军队智库	45.8
A	国务院发展研究中心	党政部门智库	49.39
A	河南省社会科学院	社科院智库	44.79
A	江苏省社会科学院	社科院智库	45.22
A	江西省社会科学院	社科院智库	48.79
A	南开大学国际经济研究所	高校智库	44.68
A	商务部国际贸易经济合作研究院	党政部门智库	49.43
A	四川省社会科学院	社科院智库	48.03
A	易观智库	企业、社会智库	52.19
A	中共江苏省委党校	党校行政学院智库	45.94
A	中国财政科学研究院	党政部门智库	44.79
A	中国城市规划设计研究院	党政部门智库	51.41
A	中国房地产研究会	企业、社会智库	45.57
A	中国工程院	科研院所智库	46.59
A	中国管理科学研究院	企业、社会智库	45.29
A	中国国际经济交流中心	企业、社会智库	47.32
A	中国计量科学研究院	党政部门智库	46.84

续前表

评级	智库中文名称	智库类型	TTBI 总指标
A	中国经济体制改革研究会	企业、社会智库	49.57
A	中国科学院	科研院所智库	51.6
A	中国青少年研究中心	党政部门智库	45.73
A	中国人民大学国际货币研究所	高校智库	47.78
A	中国人民大学国家发展与战略研究院	高校智库	51.66
A	中国人民银行研究局	党政部门智库	45.25
A	中国新闻出版研究院	党政部门智库	45.64
A	中国战略文化促进会	企业、社会智库	49.8
A—	IBM 中国研究院	企业、社会智库	37.79
A—	阿里研究院	企业、社会智库	42.78
A—	安徽省人民政府发展研究中心	党政部门智库	42.44
A—	安徽省社会科学院	社科院智库	38.2
A—	百度数据研究中心	企业、社会智库	38.41
A—	北京大学中国经济研究中心	高校智库	42.44
A—	草根智库	企业、社会智库	41.86
A—	甘肃省社会科学院	社科院智库	43.17
A—	贵州省社会科学院	社科院智库	40.57
A—	国家发改委宏观经济研究院	党政部门智库	40.9
A—	联想研究院	企业、社会智库	39.72
A—	南方社会智库	企业、社会智库	43.4
A—	内蒙古自治区发展研究中心	党政部门智库	41.23
A—	千人智库	企业、社会智库	42.29
A—	清华-布鲁金斯公共政策研究中心	高校智库	42.44
A—	清华大学政治经济学研究中心	高校智库	40.11
A—	人社部中国人事科学研究院	党政部门智库	41.28
A—	山东省社会科学院	社科院智库	41.59
A—	上海国有资本运营研究院	企业、社会智库	38.62
A—	上海交通大学中国发展研究院	高校智库	38.65
A—	世界与中国研究所	党政部门智库	40.51

续前表

评级	智库中文名称	智库类型	TTBI 总指标
A—	天津市社会科学院	社科院智库	41.62
A—	武汉大学发展研究院	高校智库	39.61
A—	一带一路百人论坛	企业、社会智库	42.09
A—	知远战略与防务研究所	企业、社会智库	42.16
A—	中共安徽省委党校	党校行政学院智库	42.38
A—	中共甘肃省委党校	党校行政学院智库	39.07
A—	中共陕西省委党校	党校行政学院智库	39.98
A—	中国（深圳）综合开发研究院	企业、社会智库	41.97
A—	中国城市发展研究院	企业、社会智库	38.66
A—	中国传媒大学传播研究院	高校智库	40.65
A—	中国传媒大学文化发展研究院	高校智库	43.92
A—	中国创业智库	企业、社会智库	42.95
A—	中国发展战略学研究会	企业、社会智库	39.34
A—	中国房地产数据研究院	企业、社会智库	40.78
A—	中国国际问题研究院	党政部门智库	43.03
A—	中国环境科学研究院	党政部门智库	39.59
A—	中国经济 50 人论坛	企业、社会智库	39.88
A—	中国就业促进会	企业、社会智库	42.42
A—	中国科学院科技政策与管理科学研究所	科研院所智库	38.5
A—	中国能源研究会	企业、社会智库	42.52
A—	中国人民解放军军事科学院	军队智库	37.95
A—	中国人民银行金融研究所	党政部门智库	42.71
A—	中国软科学研究会	企业、社会智库	39.14
A—	中国社会保障学会	企业、社会智库	43.5
A—	中国社会科学院工业经济研究所	社科院智库	40.32
A—	中国社会科学院金融研究所	社科院智库	39.7
A—	中国社会科学院农村发展研究所	社科院智库	39.23
A—	中国战略与管理研究会	企业、社会智库	42.84
A—	中山大学国家治理研究院	高校智库	38.34

附表 2　CTTBI 2017：中国智库大数据指数——前 100 名

（同级别智库按汉语拼音排序）

评级	智库中文名称	智库类型	TTBI 总指标
A++	国防大学	军队智库	60.43
A++	瞭望智库	党政部门智库	56.31
A++	盘古智库	企业、社会智库	57.8
A++	全球化智库	企业、社会智库	57.34
A++	中国工程院	科研院所智库	59.48
A++	中国科学技术协会	科研院所智库	66.37
A++	中国科学院	科研院所智库	54.85
A++	中国农业科学院	党政部门智库	56.4
A++	中国人民大学重阳金融研究院	高校智库	54.85
A++	中国社会科学院	社科院智库	63.24
A+	21 世纪教育研究院	企业、社会智库	51.29
A+	察哈尔学会	企业、社会智库	53.38
A+	国务院发展研究中心	党政部门智库	52.63
A+	上海市社会科学院	社科院智库	48.77
A+	中国财政科学研究院	党政部门智库	51.79
A+	中国电子信息产业发展研究院	党政部门智库	51.8
A+	中国管理科学研究院	企业、社会智库	49.17
A+	中国国际经济交流中心	企业、社会智库	49.05
A+	中国教育科学研究院	党政部门智库	52.39
A+	中国经济体制改革研究会	企业、社会智库	51.85
A	阿里研究院	企业、社会智库	43.51
A	北京大学国家发展研究院	高校智库	44.57
A	北京师范大学中国公益研究院	高校智库	43.43
A	北京市社会科学院	社科院智库	40.76
A	福卡智库	企业、社会智库	47.11
A	广东省社会科学院	社科院智库	43.32
A	国家发改委宏观经济研究院	党政部门智库	45.29
A	国家行政学院	党校行政学院智库	41.43

续前表

评级	智库中文名称	智库类型	TTBI 总指标
A	山东省社会科学院	社科院智库	42.63
A	上海金融与法律研究院	企业、社会智库	46.98
A	四川省社会科学院	社科院智库	43.26
A	易观智库	企业、社会智库	43.38
A	中共河南省委党校	党校行政学院智库	41.41
A	中共湖北省委党校	党校行政学院智库	40.91
A	中共陕西省委党校	党校行政学院智库	42.7
A	中共中央党校	党校行政学院智库	46.33
A	中国城市和小城镇改革发展中心	党政部门智库	47.28
A	中国环境科学研究院	党政部门智库	42.31
A	中国计量科学研究院	党政部门智库	44.04
A	中国金融四十人论坛	企业、社会智库	44.57
A	中国就业促进会	企业、社会智库	41.76
A	中国能源研究会	企业、社会智库	43.83
A	中国人民大学国际货币研究所	高校智库	45
A	中国人民大学国家发展与战略研究院	高校智库	40.68
A	中国人民解放军军事科学院	军队智库	41.05
A	中国社会保障学会	企业、社会智库	42.48
A	中国战略文化促进会	企业、社会智库	43.16
A	中国指数研究院	企业、社会智库	46.78
A	中央编译局	党政部门智库	48.18
A	自然之友环境研究所	企业、社会智库	46.62
A—	IBM 中国研究院	企业、社会智库	30.1
A—	安徽省社会科学院	社科院智库	33.37
A—	北京大学国际战略研究院	高校智库	31.54
A—	春秋发展战略研究院	企业、社会智库	39.23
A—	凤凰国际智库	企业、社会智库	37.73
A—	公众环境研究中心	企业、社会智库	37.97
A—	贵州省社会科学院	社科院智库	32.21

续前表

评级	智库中文名称	智库类型	TTBI 总指标
A—	河北省社会科学院	社科院智库	38.76
A—	河南省社会科学院	社科院智库	34.2
A—	湖南省社会科学院	社科院智库	40.49
A—	联想研究院	企业、社会智库	37.94
A—	辽宁省社会科学院	社科院智库	31.14
A—	千人智库	企业、社会智库	37.24
A—	清华大学国情研究院	高校智库	32.24
A—	清华大学政治经济学研究中心	高校智库	30.01
A—	山西省社会科学院	社科院智库	39.79
A—	陕西省社会科学院	社科院智库	35.1
A—	商务部国际贸易经济合作研究院	党政部门智库	32.65
A—	腾讯研究院	企业、社会智库	40.49
A—	天津市社会科学院	社科院智库	34.3
A—	一带一路百人论坛	企业、社会智库	30.8
A—	云南省社会科学院	社科院智库	31.38
A—	中共北京市委党校	党校行政学院智库	40.66
A—	中共甘肃省委党校	党校行政学院智库	35.26
A—	中共山西省委党校	党校行政学院智库	31.89
A—	中共上海市委党校	党校行政学院智库	31.31
A—	中共四川省委党校	党校行政学院智库	30.66
A—	中共天津市委党校	党校行政学院智库	37.15
A—	中共浙江省委党校	党校行政学院智库	34.11
A—	中国产业发展研究院	高校智库	37.79
A—	中国城市科学研究会	企业、社会智库	32
A—	中国传媒大学文化发展研究院	高校智库	29.85
A—	中国发展战略学研究会	企业、社会智库	35.08
A—	中国房地产研究会	企业、社会智库	38.67
A—	中国经济 50 人论坛	企业、社会智库	36.94
A—	中国科学院城市环境研究所	科研院所智库	32.06

续前表

评级	智库中文名称	智库类型	TTBI 总指标
A—	中国科学院科技政策与管理科学研究所	科研院所智库	39.51
A—	中国能源经济研究院	党政部门智库	32.26
A—	中国能源战略研究院	党政部门智库	30.18
A—	中国青少年研究中心	党政部门智库	39.5
A—	中国人民银行金融研究所	党政部门智库	32.35
A—	中国人民银行研究局	党政部门智库	35.41
A—	中国软科学研究会	企业、社会智库	33.24
A—	中国社会科学院财经战略研究院	社科院智库	32.78
A—	中国社会科学院工业经济研究所	社科院智库	38.38
A—	中国社会科学院世界经济与政治研究所	社科院智库	32.77
A—	中国文化遗产研究院	党政部门智库	38.3
A—	中国延安干部学院	党校行政学院智库	30.16
A—	中国政法大学法治政府研究院	高校智库	36.4
A—	中国政法大学知识产权研究中心	高校智库	39.05

参考文献

陈振明．政策分析的职业化．岭南学刊，1995（3）．

邓力群．搞好农村发展问题的调查是一件全国性的事业．农业经济丛刊，1982（4）．

丁煌．美国的思想库及其在政府决策中的作用．国际技术经济研究学报，1997（3）．

冯严超．谈中国人民大学智库建设的成功经验．经济，2016（1）．

傅广宛，刘晓永，毛志凌．我国政府决策机制的变迁与思想库的发展．当代世界与社会主义，2011（1）．

韩万渠．中国高校智库的组织变迁、发展困境与对策研究．高教探索，2016（5）．

侯定凯．人文社会科学的知识转化机制探析：兼论优质大学智库的培育．复旦教育论坛，2011（5）．

胡鞍钢，姜佳莹，鄢一龙．国家五年规划决策中的智库角色研究：以清华大学国情研究院参与国家五年规划编制为例．经济社会体制比较，2016（6）．

胡鞍钢．建设中国特色新型智库：实践与总结．上海行政学院学报，2014（2）．

胡鞍钢．中国特色新型智库建设及其思想传播：以清华大学国情研究院为例．中国科学院院刊，2016（31）．

胡锦涛．在省部级主要领导干部提高构建社会主义和谐社会能力专题研讨班上的讲话. 北京：人民出版社，2005.

户华为，曹继军. 重要决策中都有社科院的声音. 光明日报，2008-04-18.

黄娇. 图书情报学视角的智库建设与智库服务研究. 现代情报，2017 (37).

国务院发展研究中心课题组. 对中国医疗卫生体制改革的评价与建议. 中国发展评论，2005 (7) 增刊 1.

李国强. 对“加强中国特色新型智库建设”的认识和探索. 中国行政管理，2014 (5).

李秀峰. 廉政体系的国际比较. 北京：社会科学文献出版社，2007.

李雪. 以体制机制改革支撑国家高端智库建设：上海社会科学院院长王战访谈录. 经济师，2017 (1).

李远远. 财新智库的特点和努力方向. 中国记者，2016 (2).

梁庆寅，郑振满，陈春声，等. 学术共同体. 开放时代，2016 (4).

林影，陈占宏. 打造中国一流的智库：访上海社科院党委书记、院长王荣华. 沪港经济，2008 (6).

刘雪明. 中国政策咨询业发展的现状、问题及对策研究. 科学学研究，2001 (19).

上海国际问题研究院课题组. 海纳百川、包容共生的“上海学派”. 国际展望，2014 (6).

唐磊. 中国民间智库 30 年的初步考察. 中国社会科学评价，2016 (4).

库恩. 科学革命的结构. 金吾伦，胡新和，译. 北京：北京大学出版社，2004.

万里. 决策民主化和科学化是政治体制改革的一个重要课题：在全国软科学研究工作座谈会上的讲话. 中国软科学，1986 (2).

万鹏飞，饶诗韵. 美国联邦政府政务公开制度的实践及启示. 经济社会体制比较，2006 (2).

王珊．从“社科殿堂”到“国家智囊”．光明日报，2015-08-25．

王莉丽．美国智库的“旋转门”机制．国际问题研究，2010(2)．

王莉丽．全面提升中国智库的智力资本．中国党政干部论坛，2015(1)．

王世玲．医改中的智囊们．21世纪经济报道，2009-04-14．

王斯敏．中国社科院建设11个专业化新型智库．光明日报，2015-05-27．

王文．打造有国际影响力的中国智库品牌．对外传播，2014(5)．

王晓民，蔡晨风．美国研究机构及其取得成功的原因．北京大学学报（哲学社会科学版），2001(1)．

徐匡迪．徐匡迪院士访谈 中国智库的历史、现状与未来展望．中国科学院院刊，2016(8)．

薛澜，朱旭峰．“中国思想库”：涵义、分类及研究展望．科学学研究，2006(3)．

薛澜，朱旭峰．中国思想库的社会职能：以政策过程为中心的改革之路．管理世界，2009(4)．

薛澜．美国的思想库及对中国的借鉴．科技导报，1996(11)．

薛澜．智库热的冷思考：破解中国智库发展之道．中国行政管理，2014(5)．

杨洁勉．风雨五十年 辉煌新世纪．国际展望，2010(5)．

中国智库研究课题组．建设中国特色新型智库．社会科学报，2015-04-09．

朱旭峰，韩万渠．迎接中国智库建设的春天．中国社会科学报，2015-01-30．

朱旭峰，礼若竹．中国思想库的国际化建设．重庆社会科学，2012(11)．

朱旭峰．从中外统计数据看中国智库发展路径．学习时报，2014-

06-16.

朱旭峰. 构建中国特色新型智库研究的理论框架. 中国行政管理，2014 (5).

朱旭峰. 国际思想库网络：基于“二轨国际机制”模型理论建构与实证研究. 世界经济与政治，2007 (5).

朱旭峰. 美国思想库对社会思潮的影响. 现代国际关系，2002 (8).

朱旭峰. “思想库”研究：西方研究综述. 国外社会科学，2007 (1).

朱旭峰. 中国思想库：政策过程中的影响力研究. 北京：清华大学出版社，2009.

朱旭峰. 中国社会政策变迁中的专家参与模式研究. 社会学研究，2011 (2).

吴敬琏，谢伏瞻. 国企改革攻坚 15 题. 北京：中国经济出版社，1999.

ABELSON D E. Do think tanks matter?: assessing the impact of public policy institutes. Montreal and Kingston: McGill Queen's University Press, 2002.

ABELSON D E. American think-tanks and their role in U. S. foreign policy. New York: Macmillan Press, 1996.

BENNETT S, CORLUKA A, DOHERTY J, et al. Influencing policy change: the experience of health think tanks in low-income countries. Health policy and planning, 2012, 27 (3): 194-203.

BRULLE R J. Institutionalizing delay: foundation funding and the creation of U. S. climate change counter-movement organizations. Climatic change, 2014, 122 (4): 681-694.

CAMPBELL J L, PEDERSEN O K. Policy ideas, knowledge regimes and comparative political economy//BÉLAND D. Ideas and politics in social science research. New York: Oxford University Press, 2011: 167-190.

Capital-Source. National journal. Washington, D. C.: Capital Source Center, 1988.

COCKETT R. Thinking the unthinkable: think tanks and the counter-revolution, 1931—1983. London: Harper Collions, 1994.

DAVIS N J. Job mobility in post-mao cities: increases on the margins. The China quarterly, 1992, 132: 1062-1085.

DENHAM A, GARNETT M. British think tanks and the climate of opinion. London: UCL Press, 1998.

DICKSON P. Think tanks. New York: Atheneum, 1971.

ECKSTEIN A. Economic development and political change in communist systems. World politics, 1997 (22): 475-495.

EXLEY S. Making policy with "good ideas": policy networks and the "intellectuals" of new labour. Journal of education policy, 2010, 25 (2): 151-169.

FOLEY M, RICCI D M. The transformation of American politics: the New Washington and the rise of think tanks. New Haven: Yale University Press, 1993.

GILLEY B. China's democratic future: how it will happen and where it will lead. New York: Columbia University Press, 2004.

HAMES T, FEASEY R. Anglo-American think tanks under Reagan and Thatcher//ADONIS A, HAMES T. A conservative revolution?: the Thatcher-Reagan decade in perspective. Manchester: Manchester University Press, 1994.

JACQUES P J, RILEY E D, FREEMAN M. The organisation of denial: conservative think tanks and environmental scepticism. Environmental politics, 2008, 17 (3): 349-385.

JAMES S. The idea brokers: the impact of think tanks on British government. Public administration, 1993, 71: 491-506.

JOHNSON T. Environmentalism and nimbyism in China：promoting a rules-based approach to public participation. Environmental politics，2010，19（3）：430－448.

JORDAN A G，RICHARDSON J J. Policy communities：British and European style. Policy studies journal，2005，11：603－615.

KELLEY P. Think tanks fall between pure research and lobbying. Houston chronicle，1988－03－09（23）.

KELLIHER D. Peasant power in China：the era of rural reform，1979—1989. New Haven：Yale University Press，1992.

KIM S S. China and the world：Chinese foreign relations in the post-Cold War era. Boulder：Westview Press，1994.

LADI S. Globalization，think-tanks and policy transfer. The World Bank Conference of the Global Development Network，Bonn，Germany，December 5－9，1999.

Lin N，Bian Y J. Getting ahead in urban China. American journal of sociology，1991，97：657－688.

MCGANN J G，WEAVER R K. Think tanks & civil societies：catalysts for ideas and action. London and New York：Routledge，2002.

MCGANN J G. The competition for dollars，scholars and influence in the public policy research industry. New York：University Press of American，1995.

MEDVETZ T M. Think tanks in America. Chicago：University of Chicago Press，2012.

MEDVETZ T M. Think tanks as an emergent field. New York：Social Science Research Council，2008.

NEE V. Social inequalities in reforming state socialism：between redistribution and markets in China. American sociological review，1991，56（3）：267－282.

PAUTZ H. Revisiting the think-tank phenomenon. Public policy and administration，2011，26：419－435.

RICH A. Think tanks，public policy and the politics of expertise. New York：Cambridge University Press，2004.

SABATIER P A，JENKINS-SMITH H C. Policy change and learning：an advocacy coalition approach. Boulder：Westview Press，1993.

SCRUTON R. A dictionary of political thought. London：The Macmillan Press，1982.

SEYMOOUR J D. Will China become democratic?：elite，class and regime transition. China journal，2005，53：194.

SHAMBAUGH D. China's international relations think tanks：evolving structure and process. The China quarterly，2002，171：575－596.

SLEEBOOM-FAULKNER M. Regulating intellectual life in China：the case of the Chinese academy of social sciences. The China quarterly，2007，189：83－99.

SMITH J A. Idea Brokers：think tanks and the rise of the new policy elite. New York：The Free Press，1991.

STONE D. Think tanks，global lesson-drawing and networking social policy ideas. Global social policy，2001，1：338－360.

STONE D，DENHAM A，GARNETT M. Think tanks across nations：a comparative approach. Manchester and New York：Manchester University Press，1998.

STONE D. Garbage cans，recycling bins or think tanks?：three myths about policy institutes. Public administration，2007，85（2）：59－278.

STONE D. Think tank transnationalisation and non-profit analysis，advice and advocacy. Global society，2000，14（2）：153－172.

TANNER M S. Changing windows on a changing China：the evolving "think tank" system and the case of the public security sector. The China quarterly，2002，171：559－574.

TELGARSKY J P，UENO M. Think tanks in a democratic Society：an alternative voice. Washington，D. C.：The Urban Institute，1996.

THUNERT M. Think tanks in Germany. Society，2004，41：66－69.

WEAVER K R. The changing world of think tanks. Political science and politics，1989，22：563－578.

WEISS C H. Helping government think：functions and consequences of policy analysis organizations//WEISS C H. Organizations for policy analysis-helping government think. London：Sage Publications，1990.

WHITE L. China's trapped transition：the limits of developmental autocracy. Political science quarterly，2007，122：520－521.

WILLIAMSON O E. Transaction-cost economics：the governance of contractual relations. Journal of law & economics，1979，22：233－261.

Zhu X F，Xue L. Think tanks in transitional China. Public administration and development，2007，27：452－464.

邓力群，孙方明．谈中国农村发展问题研究组．http://www.360doc.com/content/15/0212/22/19446_448232342.shtml.

中国智库网络影响力评价报告发布会．http://topics.gmw.cn/node_88495.htm.

我国党政直属智库建设新进展新探索．http://epaper.gmw.cn/gmrb/html/2016－03/30/nw.D110000gmrb_20160330_1－16.htm.

何帆．财新智库没有媒体化的需求．https://www.jzwcom.com/jzw/b4/12057.html.

中国智库的现实图景．http://opinion.hexun.com/2015－09－02/178802412.html.

贺大为．中国社会科学院：志在做中央智囊团．http://politics.

people. com. cn/ GB/1026/3473964. html.

胡舒立. 财新智库平台已搭就，广泛延揽业界才俊. http://topics. caixin. com/2015-11-05/100870375. html.

中国社会智库的“五力”创新实践：以 CCG 全球化智库为例. http://finance. huanqiu. com/roll/2017-05/10605453. html.

变革、重塑、蜕变！走进中国顶级智库：财新莫尼塔的风云十三年. http://www. sohu. com/a/227316453_117959.

全球智库报告发布　多家中国智库上榜全球顶级智库. http://politics. people. com. cn/n/2014/0122/c70731-24198621. html.

习近平为何特别强调“新型智库建设”. http://theory. people. com. cn/n/2014/1029/c148980-25928251. html.

财新冠名 PMI 启幕智库业务　称 PMI 样本不会调整. http://money. 163. com/15/0729/09/AVMA3IQM00252G50. html.

《决定》解读：如何加快事业单位分类改革. http://www. gov. cn/jrzg/2013-12/20/content_2551544. htm.

全面深化改革取得重大突破. http://www. xinhuanet. com/local/2017-11/06/c_129733330. htm.

中国行政体制改革委员会课题组. 中国智库发展存在的问题. http://theory. people. com. cn/n/2014/0825/c40531-25530294. html.

后　记

本书是我从 2002 年开始进入智库研究领域，十多年来的一次阶段性的成果总结。能够在 21 世纪初就开始关注并研究智库问题，完全得益于我的博士生导师薛澜教授。薛澜教授 1996 年从美国回国任教，是中国最早积极倡导建设智库的学者之一。早在 1996 年，他就发表文章号召推动建设中国智库。2000 年，我成为他的学生。有一次薛老师在和我讨论博士论文选题时说："智库在中国非常重要，但研究和关注的人不多，要不你试试?"就这样，我进入了中国智库研究领域。

当然，我进入中国智库研究领域，或者说更一般地称为"政策过程"研究领域，还源于我个人学术研究道路上的思索和转型。刚接触公共管理学科时，我比较多地关注公共政策分析，一开始也陆续发表过一些政策分析的小论文，使我从一个公共政策分析者转型为一个政策过程理论研究者的，是我在一篇论文的写作过程中的思索。在研究中国电信业改革的过程中，我发现无论政策预期多么美好，政策方案多么理想，制度所产生的结果却总是会背离制度建立者的预期。既然这样，政策方案的决策过程本身就显得比政策方案更为重要了。这篇历时两年的论文最后发表在《管理世界》杂志上，而这篇文章也使我下决心致力于政策过程理论研究，并希望为中国的决策科学化、民主化事业做点贡献。智库参与作为政策决策过程的一个重要环节，成了我最近十多年来研究的主要对象。我关心的问题就是：智库如何实现政策影响力？智库如何更好地推动政策优化和社会变革？如何从政策环境上保证智库能够发挥理应发挥的作用？这三个问题也是我博士论文以及我2009年出版的专著《中国思想库：政策过程中的影响力研究》的主要议题。

我对中国智库的基本认识形成于大量的国内田野访谈、问卷调查和与国际同行的交流过程中。我刚进入智库研究领域时，一个根本性的问题摆在我的面前，那就是：什么是“智库”，中国到底有没有“智库”？这个问题现在看来，似乎已不是个问题。但在当时，美国拥有世界上最繁荣的智库产业，大部分文献关于智库的定义都是以美国智库为标准的，如果按照美国智库的界定标准来判别中国智库，那么中国真正意义上的智库真的没多少家。反过来，如果抛开美国的政治和法律传统所界定的智库概念，中国确实存在大量志在影响政府决策的政策研究组织。如果它们不叫中国智库，那它们应该叫什么？如果我们仍然叫它们智库，那智库的概念应如何重新定义？更难的是，如何让这个新定义既能适用于中国体制，也能被长期以美国智库为标准的国际社会所接受。在智库研究之初，我花了整整两年时间来思考智库和中国智库的概念界定问题。薛澜老师和我于2006年发表的《“中国思想库”：涵义、分类及研究展望》，集合了我们对中国智库概念的思考。这篇文章第一次详细分析了上述困惑，力求寻找中国智库界定和西方智库传统的共通之处，以作为中国智库研究的基础。

可以看出，我研究中国智库，除了希望通过打开政策决策的“黑箱”而对中国政策决策的科学化、民主化有所帮助外，还希望通过与国际同行对话让外国学界更加了解中国的发展经验。也就是说，我时刻不忘把中国智库的研究置于国际学术交流的语境中。我的第一篇讨论智库的英文学术论文是发表在《公共行政与发展》（*Public Administration and Development*）杂志上的《转型期的中国智库》（Think Tanks in Transitional China）。这篇文章细致讨论了中国智库的概念和类型，并通过案例讨论不同类型智库的组织和行为特点。在接下来的几年里，我先后在《亚洲调查》（*Asian Survey*，2009）和

《中国季刊》(The *China Quarterly*，2011) 上独立发表论文，用 300 多个智库问卷调查数据，讨论中国智库影响力的形成机制和中国智库发展模式的地区差异问题。这两篇文章影响力很大，几乎成为国际社会和智库机构讨论中国智库发展问题必引的论文。已故诺贝尔经济学奖获得者罗纳德·H. 科斯在其晚年专著《变革中国：市场经济的中国之路》(2012) 中，也引用了我的文章。宾夕法尼亚大学学者、智库问题专家詹姆斯·G. 麦甘同我在宾夕法尼亚大学和哈佛大学的两次学术对话之后，改善了他主导的《全球智库报告》的调查方法。在他的报告中，中国智库从 2008 年版的 74 家增加到了 2009 年版的 400 多家，中国一跃成为仅次于美国的世界第二智库大国。2018 年，我又在《太平洋事务》(*Pacific Affairs*) 和《管理科学国际评论》(*International Review of Administrative Sciences*) 上发表了两篇英文论文，讨论"中国特色新型智库"的发展过程以及"旋转门"对中国智库的负面效应。

2013 年初，我出版了第一部探讨中国智库发展模式的英文学术专著《中国智库的兴起》(*The Rise of Think Tanks in China*)。这部专著可以说是我前十年智库研究成果的一个阶段性总结。在这本书里，我不仅讨论了中国智库实现影响力的多样而特有的机制，还讨论了智库在中国的兴起对社会造成的影响。我在 2011 年发表于《中国季刊》的论文和 2013 年的英文专著中都预言：随着中国社会知识发展水平的提高，政府决策对智库的需求也越来越大，中国智库将既在社会上越来越有活力，又在体制内越来越有影响力。非常巧合的是，2013 年习近平总书记对"中国特色新型智库"做了重要批示，同年，中共十八届三中全会明确提出要建设"中国特色新型智库"，这使得"智库"这个概念从不为人所知到家喻户晓，"智库发展的春天"到来了。我也和薛澜老师一起在 2014 年被中国网评选为"中国智库建设十大代表人物"。

2013 年以后，我投入了大量精力在中文媒体上讨论中国智库建设问题。我发现，由于"智库热"的出现，社会上涌现出许多智库问题研究专家。但他们大多没有读过我早年在国际期刊上发表的英文论文。而且除了个别翻译成中文的西方智库研究专著外，他们对西方智库研究的最新进展的了解也不多。所以我也希望借助中文媒体，谈谈我长期以来坚持的很多观点：中国智库和西方智库不一样，也没有必要一样，不能把美国智库的发展模式套用到中国。虽然美国智库的很多做法值得中国同行学习借鉴，但不能说，中国智库和美国不一样，就肯定是中国智库出了问题。我的一篇 2010 年发表在《中国社会科学报》上的长篇文章，介绍了美、英、德三个国家的智库发展情况。结论是，即便是拥有相似的资本主义民主政治体系，这三个西方国家的智库发展模式也截然不同。试问，中国智库为什么一定要学美国模式呢？类似的观点，我在不同媒体和座谈会上都有所阐述。这个观点和之后中央提出的“中国特色新型智库”中的“中国特色”不谋而合。

最近几年，我还发起了两个智库报告项目。其中一个是“智库透明度报告”。智库独立性是智库的核心问题，只有提高智库的独立性，智库才拥有公信力，它们说的话才有人愿意听。很多人可能会说，与政府走得太近，智库就容易失去独立性，但德国智库的例子表明，事实并非如此。德国智库大多由政府财政资金支持，德国甚至有法律规定，每个拥有一定席位的主要政党都由政府财政资金支持组建政党智库。这样的智库违背了美国智库独立性的所有标准，但这些智库仍然宣称自己是独立的。那么，什么样的行为才叫作智库失去独立性呢？我的看法是，当一个智库拿了某个机构的资金（无论是政府，还是企业，还是利益集团），并且替资助机构说话，那就是缺乏独立性。但是，我们如何去衡量一个智库的独立性从而推动智库提升自己的独立性呢？很明显，独立性的概念太抽象了，我们很难去衡量智库独立性的高低。所以我和团队的另一个方法是，考察一个智库是否愿意公开自己的资金来源和观点，这就是“透明度”问题。我们通过测量智库的透明度，间接地观察一个智库是否有勇气接受社会上无数双眼睛对其资金来源和智库观点间关系的检验。

我最近两年发起的另一个智库报告项目是智库大数据报告。近年来，新媒体的出现极大地改变了现代国家的政治生态，智库为了追求影响力，也不得不迎合历史潮流，主动接纳新媒体的传播方式，拓展影响政策的新途径。因此，智库评价必须紧跟政治社会发展的步伐，积极开发出新的获取智库数据的方法。我和我的团队成员开发了一套方法和指标体系，通过对智库的活动和智库专家的言论在社交媒体上大量无组织的痕迹数据进行回溯、追踪、提取和分析，从而对智库影响力进行客观评价。我们希望通过对智库大数据评价方式的初步探索，寻找对智库行为进行全面动态分析的可能路径，未来实现更高频次的基于智库产品的大数据评价指数发布，激发智库提供更高质量的智库产品的活力，为政府决策贡献力量。

由于智库研究报告的开发对稳定的研究团队的要求较高，在清华大学公共管理学院的支持下，2018 年 4 月 12 日，学院成立了智库研究中心，由苏竣教授担任中心理事长，我担任中心主任。中心集合了多位从事政策过程、文献计量学和社会发展规划方面研究的学者，开展智库领域的研究工作。2018 年正好是中国改革开放 40 周年。我希望通过总结中国智库和改革开放的 40 年历史和脉络，结合我十多年智库研究的重要观点，把智库研究推向新的台阶！

我能完成这本专著，有无数专家学者曾经帮助过我，并为本研究工作做出贡献。首先应感谢我的导师薛澜教授。薛老师不仅对我的学术研究，更对我的人生给予了最精心的指导。可以说，我的每一步成长无不渗透着薛老师的智慧和关爱。这么多年来，薛老师无论在治学态度和为人师表方面都是我学习的榜样，这些都将让我受益终生。

同时，我在此例举一些曾经热情关心和指导过我的中国专家学者。已故的成思危先生对我 2009 年的专著给予了特别重要的支持。他不仅为我的 2009 年专著亲笔作序，还在《北京日报》上将序言发表，重点推荐。我还要感谢张景安、卢迈、龚晓峰、俞可平、林尚立、王赓武、朱光磊、陈振明、郑永年、罗辉、赵刚、王志清、王存肃、黄光绍、顾成奎、樊纲、茅于轼、李罗力、郭万达、郝福安、路风、边燕杰、罗家德、仲大军、邹逸安、李国强、荆林波、王辉耀、史晓琳、易鹏、王文、王莉丽、绍一华、陶海青、张欢、钟开斌等等无数专家和教授。清华大学公共管理学院上下各位老师给予我的帮助则更多，包括胡鞍钢、苏竣、王有强、王绍光、楚树龙、崔之元、齐晔、王名、韩廷春、巫永平、彭宗超、过勇、杨永恒、王亚华、沈群红、熊义志、梁正、陈玲、黄萃、汝鹏、鄢一龙、赵静等老师。还有我的学生和团队成员，包括韩万渠、孔媛、贾杨、赵慧、张克、何明帅、吴冠生、吕姝凝、谢瑞翔等。

这十多年来，我参加了无数次国际学术交流活动，有大量国际学者，特别是那些国际上最活跃的智库研究专家，也对我的研究给予热情的指导和批评。他们包括：Diane Stone，Donald E. Abelson，Elizabeth Perry，Anthony Saich，Merle Goldman，Alasdair Roberts，Andrew Walder，Patrick Koellner，James G. McGann，Danial Guttman 等等，以及今年刚刚去世的黄朝翰（John Wong）和杨沐两位教授。

感谢我的父母给我的支持！父母年迈并有病在身，我在北方求学工作的 20 多年始终无法回到父母身边，深感歉意。感谢妻子苏钰对我无微不至的支持和帮助。

感谢国家杰出青年科学基金（71625006）、国家自然科学基金创新群体（71721002）和清华大学自主科研计划（2016THZWLJ01）为本书研究提供的慷慨资助。

朱旭峰

2018 年 10 月

图书在版编目（CIP）数据

改革开放与当代中国智库/朱旭峰著. —北京：中国人民大学出版社，2018.12
（“认识中国 · 了解中国”书系）
“十三五”国家重点出版物出版规划项目
ISBN 978-7-300-26542-1

Ⅰ.①改… Ⅱ.①朱… Ⅲ.①咨询机构-研究-中国 Ⅳ.①C932.82

中国版本图书馆 CIP 数据核字（2018）第 289635 号

国家出版基金项目
“十三五”国家重点出版物出版规划项目
“认识中国 · 了解中国”书系
改革开放与当代中国智库
朱旭峰 著
Gaige Kaifang yu Dangdai Zhongguo Zhiku

出版发行	中国人民大学出版社			
社　址	北京中关村大街 31 号	**邮政编码**	100080
电　话	010－62511242（总编室）	010－62511770（质管部）		
	010－82501766（邮购部）	010－62514148（门市部）		
	010－62515195（发行公司）	010－62515275（盗版举报）		
网　址	http://www.crup.com.cn			
经　销	新华书店			
印　刷	固安县铭成印刷有限公司			
开　本	720 mm×1000 mm　1/16	**版　次**	2018 年 12 月第 1 版
印　张	10	**印　次**	2024 年 5 月第 3 次印刷
字　数	122 000	**定　价**	78.00 元